诗 意 图 鉴
梦回天堂

[法] 吉尔斯·拉普格（Gilles Lapouge）著
[法] 卡琳·朵琳-弗罗热（Karin Doering-Froger）绘
高晨翔 译

作者简介：

吉尔斯·拉普格（Gilles Lapouge），法国作家、新闻记者，他曾为《世界报》《费加罗报》和《战斗》工作。他于2007年荣获费米娜大奖，费米娜奖是法国著名文学奖，颁发给当年最优秀的散文作家和诗人。

卡琳·朵琳-弗罗热（Karin Doering-Froger）毕业于法国国立应用工艺美术学院。在传媒公司工作十年后，她成为自由插画师，参与绘制了"诗意图鉴系列"多部作品的插图。

译者简介：

高晨翔，遗产与博物馆硕士，中国古迹遗址保护协会会员，中国翻译协会会员，现就职于中国文化遗产研究院，主要研究方向为世界遗产国际趋势、系列遗产、遗产阐释。译有《街角食界》等。喜访古探幽，行摄古今。

> 桑丘朋友,你该知道,天叫我生在这个铁的时代,
> 是要我恢复金子的时代,一般人所谓黄金时代。
>
> ——塞万提斯,《堂吉诃德》[1]

有关天堂的记忆未得善始。由于最初居住在伊甸园中的亚当和夏娃受到蛊惑,《圣经》中的这座乐园很快关上了它的大门。而在摩西看来,伊甸园无疑是美好的[2]。伊甸园位于四条河流的交汇处,它们分别是发源自黄金国的比逊河、环绕库施国的基训河、底格里斯河和幼发拉底河。园中的动物、花朵、果实和树木枝叶都令人感到愉悦。

后来,人们得知了一个补救的办法:那些没有犯过深重罪恶的人在"咽下最后一口气"后,能够进入天堂。这无疑是个好消息。

然而,人们不免满腹狐疑。为什么一定要死后才能成为真福者[3],实在教人想不通。人们想要即刻的幸福。当然,家喻户晓的天堂有很多:日耳曼人的瓦尔哈拉神殿[4]、希腊人的香榭丽舍[5]、基督徒的"青草地"[6]、印度教徒的涅槃……但是从未有人找到它们。人们决意拥有他们向往的天堂,于是开始自己动手建造乐园,以便能在有生之年入住其间。

人类比神明获得了更大的成功吗?不论怎样,人类确实付出了极大的努力,首先是蓝图的绘制者——希波达摩斯、亚里士多德、柏拉图、康帕内拉、莫尔、傅立叶、威廉姆斯和卡贝都曾构想过完美的城市,它们规范、干净、公平公正,死者亦有尊严并会得到祭奠。天堂可以是由钢铁和玻璃打造的城市、酒肆和餐厅、泰勒玛修道院、无罪无忧的岛屿、情欲修院、邻里街坊、群鸟和浮云的乐园、蜂巢和棋类游戏[7]、孩童的舞蹈和欢快

---

[1] 引用杨绛先生译本,人民文学出版社1987年版。(本书脚注均为译者注)
[2] 摩西是《圣经》中的重要人物,他受上帝之命率领被奴役的以色列人逃离古埃及,前往富饶之地迦南。如果用"从伊甸园到迦南"的视角解读《摩西五经》(《创世记》《出埃及记》《利未记》《民数记》《申命记》),可以认为出埃及进迦南的过程也是重返伊甸园的过程。
[3] "真福者"是天主教会追封过世者的称号,以尊崇其德行。
[4] 瓦尔哈拉神殿是路德维希一世授命建造的名人堂。
[5] 香榭丽舍原意为希腊神话中圣人及英雄灵魂居住的冥界。
[6] 出自《圣经·诗篇》第23章,"他使我躺卧在青草地上,领我在可安歇的水边。"
[7] 此处使用了比喻修辞,对应的是后文埃莉诺宫廷的熙攘热闹和暗流涌动。

的歌曲¹、"法伦斯泰尔"²和"从心所欲"、游乐画³、地中海俱乐部⁴。对某些有特殊癖好的人来说，在昏暗的房间中被女性用皮鞭抽打，甚至也能成为一种享受。它们或埋藏在书卷中，或封存在记忆里，是众多经过印证的天堂的一部分。人们认为："总有一座乐园，能给我们带来欢乐！"

诗人们又在哲学家构想的天堂中加入了自己的调味剂。他们赋予世界以色彩，描绘了天空、爱情、自由和世间纷杂。多亏了他们的记述，我们得以了解那些已经淹没在历史中的人造天堂。中式丧葬将有限的生命与无限的永恒结合起来。爱尔兰圣人要登上漂浮岛⁵，大鼻子情圣想把他的天堂放在月亮上⁶。在阿基坦，埃莉诺的宫廷天堂给人以猛烈的精神冲击⁷，它是修道院、妓院和监狱。启蒙运动和资本主义萌芽时期的建筑师建造的城市看似幸福，实则充满苦难。巴伐利亚国王路德维希二世一生坎坷，只能将满腔热忱倾注到无数城堡的营造中。在剧院里，天堂指比包厢和楼厅更高的座位，即"顶层楼座"⁸。

孩子们也有自己的看法。我记得每到夏季，班德马戏团和阿马尔马戏团到迪涅巡演的时

1　原文为"黄油面包女士"（Dame Tartine），是一首法国童谣，此处为意译。
2　"法伦斯泰尔"是法国空想社会主义者傅立叶想要建立的社会基层组织。
3　游乐画（fêtes galantes）是法国画家让-安托万·华托（Jean-Antoine Watteau）于17世纪开创的画派，也译作求爱派对，表现的内容通常是青年男女游园嬉乐，互献殷勤。
4　地中海俱乐部（Club Med）是一家经营休闲度假村的企业。
5　指爱尔兰僧侣圣布伦丹寻找海岛天堂的故事，后文有专门章节。
6　出自剧作《西哈诺》，主人公西哈诺由于外貌被人戏称为"大鼻子"，他外貌一般但充满才气，阴差阳错地替英俊潇洒但缺乏才气的克里斯蒂安代笔情书，促成了自己心上人与克里斯蒂安的爱情，自己却无法对心上人告白。剧本中他的墓志铭是："我要爬上这乳白色的月光……西哈诺·德·贝热拉克长眠于此，求索一生，却一无所获。"
7　指埃莉诺冲破传统纲常枷锁的故事，但她本人也因此付出了代价，后文有专门章节。
8　剧院最上层座席被称为"天堂"是因为它们离天花板最近，天花板装饰画常以神话故事为题，因此顶层楼座被认为离天堂更近。

候，我就能去天堂玩。这是战争开始前的事了。战争爆发前夕，我和伙伴们去了淡滨尼，毕竟没有什么比参与天堂的建设更有意义了。人们几乎赤身裸体，就像偷尝禁果前的亚当夏娃；一如《伊利亚德》中的记载，他们拿着巨大的棍棒，有的用力将木桩砸进地里，有的用力拉拽绳索。然后，天空之下出现了一顶用轻质帆布搭起的巨大帐篷，大到可以让小城的所有人进入这个永恒的马戏世界。

晚上，我们看到了它的另一面。缥缈的灯火令我们晕眩，也令我们着迷。夜色如丝。城中蜿蜒的小路消失在夜色中，取而代之的是闪烁着火光和散发着光晕的圆圈或球体，像宇宙中不朽的几何图案。人们走出夜空，走向舞台。在井然有序的马戏天堂中，老师教给我们的万有引力定律并不适用，年轻的姑娘们头朝下，在手可摘星辰的高空陀螺似的转个不停。

动物们也很友好。它们就像从神话故事里走出来那样。狮子用咆哮的方式向人们问候。看到火圈，它们能跳过去而不被灼伤。比肥皂泡还要轻盈的马匹会跃到凳子上自娱自乐。张口说话的野兽将我们带入童话世界。这种幸福感令我们神往。

第二天，我们又回到了现实中的淡滨尼。天堂几乎没有留下任何痕迹，只有一坨马粪、一撮木屑和记忆中盛装出场的舞女。我们不禁喃喃自语，所谓永恒，有时不过转瞬。热情驱使我们永远过着浪迹天涯的生活，马戏团到哪里我们就跟到哪里。但我们心里清楚，马戏团的大篷车看似行驶在康庄大道上，其实也会驶过难以言说的孤寂，也会没日没夜地奔走四方，支起圆顶帐篷和高空秋千，在夜晚不停歇地演出。

演出次日总是令人伤感的。这一点早已埋下伏笔：《圣经》和《古兰经》、教堂的神父、炼金术师、分立派教徒和诺斯替教徒、异端分子和他们的领袖、犹太教法典的信奉者都预知了天堂的溃乱。神圣的典籍都指出,天堂不会永远光芒万丈。《圣经》甚至还讲述了一处与天堂相关的悲伤之地:伊甸园之东的漂泊之地。

我们知道,世上第一个男人亚当和世上第一个女人夏娃有两个孩子:亚伯和该隐。弟弟亚伯为人谦和,兄长该隐却将其杀害。上帝将该隐流放,惩罚他在漂泊之地游荡,那里布满乱石、荒草、汗渍和血迹。

亚伯被杀,该隐被流放到伊甸园之东,亚当和夏娃的后代前途黯淡。夏娃也上了年纪,在120岁时,她又为亚当生了一个孩子——塞特。在此期间,该隐依然在伊甸园之东游荡。最终该隐找到了属于自己的爱人——阿万,但他的妻子正是他的妹妹,因为根据《圣经》记载,当时世上还没有其他血脉支系。这难道不是乱伦吗?该隐和阿万想了想,说:"管他呢!"他们育有一子,名叫以拿(也有说法叫以诺,这些故事太过古早,有些记述已不确切)。可以确定的是,该隐的孩子后来也有了自己的孩子,于是世上出现了一支新的人类族群,生活在离天堂如此之近又如此之远的不毛之地。

我们目睹了亚当和夏娃的迫不及待酿成的两个恶果。他们的头两个孩子,一个被杀,另一个拖家带口生活在地狱般的伊甸园之东,后者在杀弟后又犯下乱伦的罪。这些不幸诠释了我们人类的处境:大多数天堂都会沦陷,不论它们源自神秘的力量,还是凡人的努力。

成功的案例屈指可数。不过,虽然无法造出永生的天堂,一些文明仍然成功复刻了伊甸园的一角或被摧毁的奥林匹斯山,这一方天地能一连数日乃至数个世纪地照耀忧郁的众生。园林就是这些奇迹中的一种。在世界上最古老的语言阿维斯陀语中,"pairidaēza"一词的含义是"被围起来的皇家或贵族领地"。在波斯语中,"pardêz"意为"围场",而拉丁语中的"paradisus"也有相同的含义。对希腊人来说,"parádeisos"意为"封闭的花园",人们还可以在园中见到野生动物。

我们深知伊甸园的大门不会再向我们敞开,但我们仍然不停追寻天堂在人间的映像:修道院的花圃、有棕榈树和喷泉的美索不达米亚花园、波斯花园或格拉纳达花园、凡尔赛宫或子爵城堡修剪齐整的花园、日本庭院中用沙土堆成的图案、苏格兰风格粗犷的花园、旧工业城市中的小型园圃。

有时,我会在夏季前往法国南部,钻进葡萄藤蔓撑起的迷你伊甸园中。那里离美丽的大海不远,在日光下,在藤荫中,光影摇曳。

吉尔斯·拉普格

目　录

花　园	**1**
波斯花园	2
中世纪花园	6
茵薇花园	10
蓬莱仙山	14
迪涅莱班	18

乌托邦	**23**
枫特孚罗修道院	24
风月场	28
瑞兹沙漠	32
贝居安会修道院	36
西西利亚	40
法伦斯泰尔	44
米　雷	46
大洋国	50

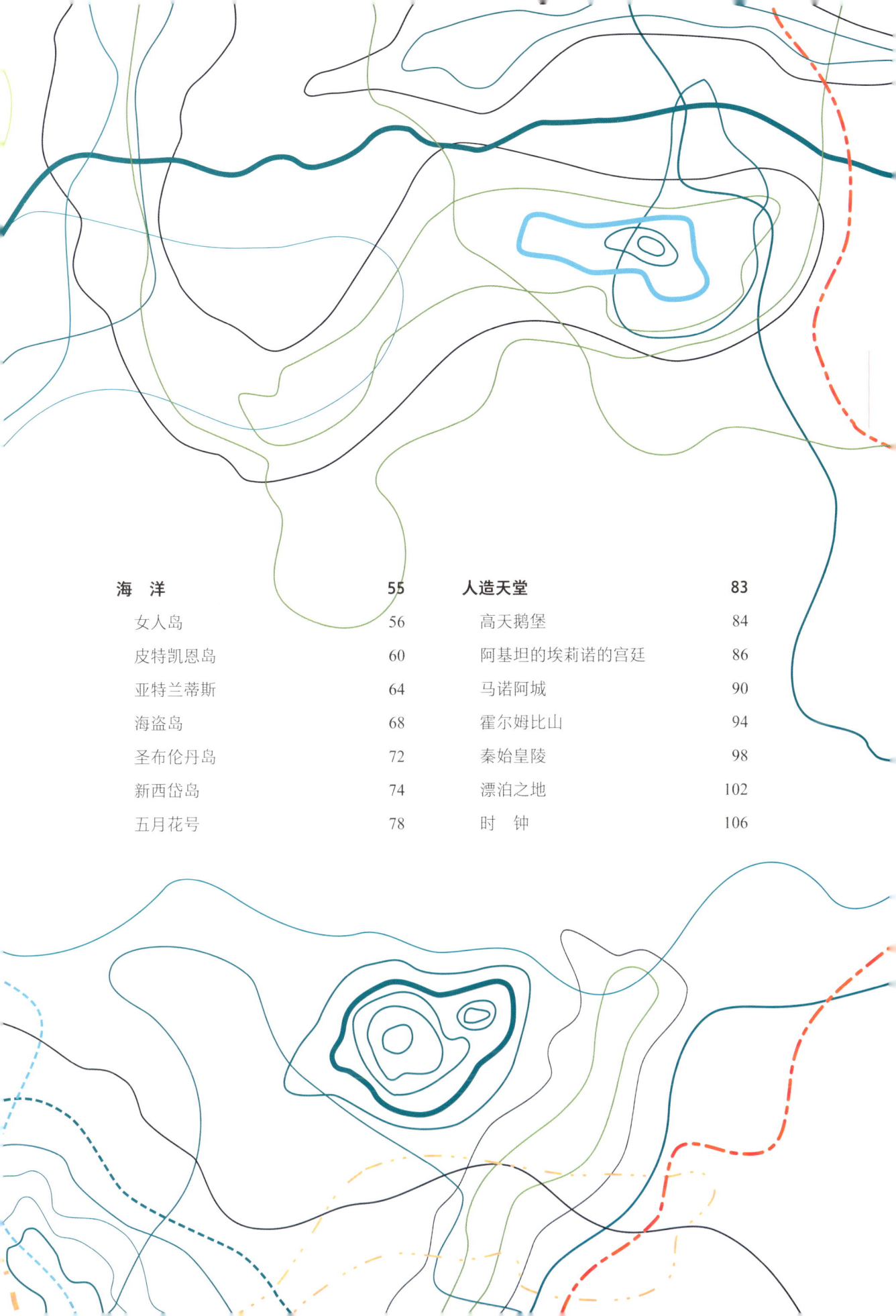

海　洋	55	**人造天堂**	83
女人岛	56	高天鹅堡	84
皮特凯恩岛	60	阿基坦的埃莉诺的宫廷	86
亚特兰蒂斯	64	马诺阿城	90
海盗岛	68	霍尔姆比山	94
圣布伦丹岛	72	秦始皇陵	98
新西岱岛	74	漂泊之地	102
五月花号	78	时　钟	106

波斯花园

宁静与永恒的飞地
亚洲·北纬 38 度 29 分，东经 28 度 02 分

花园即天堂。至少可以用花园充当天堂，波斯花园尤其能以假乱真。《波斯古经》辑录了古波斯的神圣经典，其中"pairidaēza"一词作为希腊语中"parádeisos"和拉丁语中"paradisus"的词源，意为被围起来的领地。在这片被太阳和沙土守护的土地上，波斯园丁又为它增添了花卉、泉水和溪流。君王们喜好打猎、荫凉和充满浪漫气息的地方，因而有时还可以看到野生动物和美丽动人的女子在林间穿行。

花园（pairidaēza）的特性：诞生于沙漠中，与黄沙相伴，适应季节更替，顺应人类的愿望和历史的走向。

波斯是孕育花园的摇篮。公元前 501 年，斯巴达将领莱山德决定帮助波斯国王小居鲁士，当时后者正在与其兄长阿尔塔薛西斯二世对抗。莱山德来到萨第斯，居鲁士在一座园林中接见了他。园中树木高大，土质优良松软，花朵散发着芳香，泉水潺潺。眼前的一切让这位希腊人着迷，继而表达了对这座园林缔造者的敬仰之情。居鲁士听后感到十分自豪，因为他亲自参与过园中小径的规划和树木的种植。莱山德把视线转向国王，看着"他闪闪发光的华服，他的金饰和宝石镶嵌，他的王权"。他兴奋地说："居鲁士，人们说你快乐，果然不假，你集幸福与美德于一身。"后来波斯花园的风尚席卷全球。伊斯兰文明也为之倾倒。在伊斯兰经典《古兰经》中，它就是伊甸园的化身，受真福者"居住在这永恒的居所"。这一风尚随着阿拉伯征战者跨越地中海，在安达卢斯[1]、阿尔扎哈拉古城、格拉纳达（阿尔罕布拉宫）和萨拉戈萨等地落地生根。

在印度，帖木儿一族的后裔、莫卧儿帝国（1526—1858）的开国君王巴布尔也是园林缔造者。他在阿格拉建造了自己的第一座花园，毕竟这片烈日炙烤的土地太需要活水了。他从波斯花园中汲取了灵感：仿照查赫巴格花园，将园中空间分为四部分。沙·贾汗（1628—

---
[1] 安达卢斯是穆斯林在中世纪对伊比利亚半岛的称呼。

> 轻盈的楼阁、凉亭和藤架让将士们放松身心,也为爱情增添了情调。

1658在位)建造的泰姬陵花园,是最漂亮的波斯花园。

花园(pairidaēza)的特性:诞生于沙漠中,与黄沙相伴,适应季节更替,顺应人类的愿望和历史的走向。它在这里消亡,又在那里重生。它在生死轮回间与文明相伴,与帝国的衰落和王朝的兴盛相随。它会变化。它禁得住革命和战争的洗礼,也能适应美好的时代。尽管法式园林与花园不同,但它的典雅考究、景深透视、喷泉镜像也借鉴了波斯花园对几何图案的运用,而勒诺特[1]助手们手中的计算尺比居鲁士时期的工具精准了不少。凡尔赛宫花园遵循人造的几何构图,而旧时的波斯花园更偏好自然的几何图案。

我们能够总结出波斯花园的范式,或者至少总结出共同的灵感来源吗?波斯花园的围墙由干燥石块垒成。这堵墙至关重要。它们避免了"天堂"被卷入历史的狂热旋涡中。它们为美丽的花园设置了一道神秘的壁垒。它们让花园成为宁静与永恒的飞地,可以平息流年的旋涡、忧伤与狂躁。园丁们多将花园建成正方形,有时也建成长方形,用溪水或小径将园中空间分隔为四部分,象征着天堂的四条河流。泉眼在花园中央。

《圣经》记载:"耶和华神在东方的伊甸立了一个园子,把所造的人安置在那里。耶和华神使各样的树从地里长出来,可以悦人的眼目,其上的果子好作食物。园子当中又有生命树和分别善恶的树。有河从伊甸流出来,滋润那园子;从那里分为四道。"[2]

---

[1] 安德烈·勒诺特,法国宫廷园林设计师,代表作是凡尔赛宫花园。
[2] 节选自《圣经·创世记》第2章。据《圣经》记载,分别善恶的树的果实食用后能让人分别善恶,夏娃受到蛇的蛊惑吃了分别善恶的树的果实,此后也让亚当食用,两人吃了果实后便意识到自己赤身裸体。

波斯花园囊括了叶片颜色较深的棕榈树、柏树、悬铃木和月桂树，这些树木下面又栽种了果树和观赏树种。贴近地面处，鲜艳的花卉与颜色单一的树木形成对比，有玫瑰、茉莉、水仙、墨角兰和百合。轻盈的楼阁、凉亭和藤架让将士们放松身心，也为爱情增添了情调。站在观景平台上，人们可以从更高的视角俯瞰园中的树林。作为沙漠之子，由沙漠环境塑造的波斯花园广开水源，引水灌溉的沟渠也通常是地下暗沟。

当波斯花园进入暮年，园中的景物也开始凋敝。悬铃木落了叶，柏树日渐枯萎。脆弱的各色木质建筑坍塌。直到有一天，听不到潺潺的水声，美丽的鸟儿也不再歌唱。居鲁士建在萨第斯和帕萨尔加德的花园只剩一片寂寥。国王巴布尔的杰作也换了风做它的主人。至于巴比伦空中花园——米沙拉姆王后为享乐而建的世界七大奇迹之一，如今更是无迹可寻。

不过，花园并未消亡，它的衰败只是表象。与其他各式天堂相比，花园有其优势，它终有善终，甚至不会终结。花园不像《圣经》、耶稣或《古兰经》那般伟大且永恒，也不像大理石和石碑那般自命不凡，它的终结意味着重生。花园短暂而永恒，不论何处，总有上千个花园——上千个天堂——存在。哪怕最卑微的修道院花园，也有一小片宁静之地[1]，有潺潺溪水和百里香花簇，是微小但牢不可破的伊甸园。

---

1 原文源自17世纪的法国谚语"需要两颗嚏根草草籽"，当时人们认为嚏根草可以治疗疯癫，引申义为使人平静。

中世纪花园

自由精神兄弟会
欧洲·北纬48度75分,东经07度95分

哦悲惨不幸的生活!战争带来死亡和饥荒,寒冷、炎热和黑夜侵蚀着我们;我们还要与跳蚤、蛆虫和其他害虫斗争,总之,我们卑微的躯体和短暂的一生都被苦难支配。

——让·梅斯基诺

中世纪开了个坏头。它随意处置罗马帝国的遗产。旧日秩序礼崩乐坏。被阴雨和焦土笼罩的大地、污秽、传染病、恶臭、公共墓地,便是这一时期的缩影。受难者的咏叹与野兽的嚎叫交相呼应。根据伊达斯主教的记载,"母亲会杀死自己的孩子,用来烹煮果腹。"当时的神职人员谈论衰落,与21世纪哲学家的口吻如出一辙,《布兰诗歌》[1](1225年前后成稿)有言:"青年人再无对学习的渴望,科学走向没落,整个世界都迷失了方向,盲人为盲人领航。"诗人吉奥说:"从前的人类伟大又美丽。如今尽是些幼稚鬼和矮子。"不过,中世纪也不全是对美好往昔的哀叹。出于对黄金时代的向往,生活在中世纪的人们也想进入美丽的花园。从12世纪开始,一旦情况稍微好转,不少教派就会涌现。他们为渴望逃离黑暗、流血、罪孽和苦难的人们提供了良方。这个方子就是回溯时光,在历史中剥茧抽丝。由此人们能够寻回曾经的美好世界,抵抗魔鬼的阴谋。

向往黄金时代的人们不甘心被困在大地的牢笼中,他们向往第一对人类夫妻因对科学和性的好奇被驱逐出的那座花园,因而决意重新开启它的栅门。这类"义愤填膺"者不在少数。从莱茵河畔到荷兰,再到法国,到巴黎,与自由精神兄弟会[2]相伴涌现出一众教派,包括阿马勒利派[3]、亚当派[4]、蒂尔鲁宾会[5],还有部分修士和修女参与其中,这些教派大同小异。

---

1 《布兰诗歌》是一套包含了254首诗歌和戏剧旁述的中世纪文学作品,内容颇为大胆,包含了露骨、讽刺、挖苦的题材,亦涉及死亡、民间宗教、迷信邪术等内容。该作品在1803年于德国巴伐利亚的班恩狄克波恩修道院内被发现。
2 自由精神兄弟会(Libre-Esprit)于12世纪或更早时期在欧洲盛行,主张将自己完全奉献给上帝,以达到精神共鸣,自己所做所想即是上帝所做所想。
3 阿马勒利派(Amauriciens)提倡"上帝就是一切"的泛神论思想。
4 亚当派(Adamites)主张人类应当学习始祖亚当,完全地返璞归真。
5 蒂尔鲁宾会(Turlupins)宣称自己是"穷人的组织",信众只穿很少的衣服或不穿衣服。

他们大多鼓励清贫，认为这样能够净化灵魂、洗涤罪孽。可悲的是，部分狂热分子将这一思想总结为"拥有财富即偷盗"。他们以此为由抓捕富人，并入侵他人的住所，破坏他人的财产，甚至将其杀害。

> 天界就在凡间，罪孽不再，地狱也与他们无关。

亚当派将矛头对准了最令人遗憾的原罪——性。他们的观点极具诱惑力：要想找回伊甸园时的纯真，就要像亚当堕落前那样不着衣物。自由精神兄弟会认为，坚持对上帝的崇拜，方能获得"精神上的洞察力"。他们将性交称为"天堂乐事"，并因此相信：失乐园重新向他们敞开了大门。天界就在凡间，罪孽不再，地狱也与他们无关。

对此，玛格丽特·波雷特在《简单灵魂的镜子》中进行了详细描述："灵魂在对上帝的爱中消失，因而能回归本真，享用它所想的，且不会受到谴责。如果你想上天堂，那就听从你自己的欲望。"玛格丽特并没有区分爱欲和爱德。1310年，在腓力四世的支持下，玛格丽特在巴黎受火刑。

蒂尔鲁宾会的信徒缺乏耐心，迫不及待地前往天堂。他们十分天真，认为人类慷慨无私，世间即乐土。因此，他们尽情纵欲。对他们来说，人类堕落的悲剧不过是无稽之谈。忘掉原罪，你就能进入没有苦痛的天地！他们有一个摆脱历史积弊的诀窍：赤身裸体。他们会将衣物扔到风车上。当时的欧洲有成千上万——甚至上百万——蒂尔鲁宾会信徒，这些男男女女就像黑猩猩那样在光天化日之下尽爱欲之欢。这一教派的首领拥有极大权力。他声称自己有幸获知了亚当与夏娃云雨的方式，并且很乐意与教会内的兄弟姐妹分享这一秘闻。

茵薇花园

创造伊甸园
欧洲·北纬57度46分，西经05度36分

1862年，麦肯齐·德·盖尔洛赫夫人将一处地产赠予她的儿子奥斯古德勋爵。这块150公顷的土地可谓一份大礼。只可惜它位于苏格兰，而且是在偏北的茵薇地区，离母羊湖不远，也就是北纬58度线附近，非常靠近北极圈。在云朵和浪花之间，茵薇与风暴和阴沉的天空相伴。由于这里是布满石块的盐碱地，只生长着一些凄凄惨惨的野草和一棵垂头丧气的孤单柳树。

苏格兰人对《圣经》烂熟于心。因此，年轻的勋爵大概会觉得他的母亲贸然交给了他一块位于"伊甸园之东"的土地。该隐是伊甸园之东的主人，长久以来在那片潮湿且多暴雨的土地上漂泊。不过，奥斯古德勋爵还是挽起袖子开始了改造工程。他从爱尔兰买来泥土，铺在这片荒凉的土地上。他还将其中20公顷的土地用墙围了起来，也许他是受到了希腊语中"parádeisos"（天堂）一词的启发，这个词的原意是用墙围起来的空间。受从加勒比海过来的墨西哥湾暖流的影响，茵薇的小气候逐渐形成。而后，奥斯古德勋爵种植了各类树木。

有时天象异动，带来一场宛如世界末日或混沌之初的暴风雨，而当雨过天晴，奥斯古德勋爵又像拉封丹寓言中的人物那样鼓足勇气，重新开始工作。他挖坑埋土，栽种植被，尽可能从热带地区和远方购买树种，譬如新西兰、澳大利亚和南非。他在阴郁的茵薇尽情欢乐。在这里我们能欣赏到苏格兰红松、塔斯马尼亚桉树、智利旱金莲，以及产自青藏高原、塔斯马尼亚和智利的杜鹃花，不过来自智利的品种不太耐寒，如今只剩几株。还有桦树林、一棵巨大的日本樱花树、茂盛的巴西大黄、蓝罂粟、灯笼树、加州黄鳟百合，以及多种神秘的苔藓，其中一种色如白银。但是奥斯古德勋爵和他的后人并不满足于此，他们要在这片薄雾中种植世界各地的植物：茵薇半岛将包罗五洲万物。

勋爵和他的后人将这里的地貌按照他们的意志进行了改造。他们将赤道搬到了与北极点近在咫尺的地方。我们不禁想到夏尔·傅立叶在19世纪构想的法式乌托邦，他曾提出重新分配世界地图上的城镇,将南美洲略微向北推移,让宜人的气候覆盖从西班牙安达卢西亚到极点的全部区域。苏格兰的勋爵比这位法国哲学家做得更好,因为他付诸了实践。他改造了空间和地理。不止如此,他甚至按自己的意志安排了时间和历史。茵薇花园中有9棵瓦勒迈杉,这是一种生长在澳大利亚几近灭绝的树种,在远古时代,食草恐龙以它们的树叶为食。

茵薇半岛将包罗五洲万物。

对花卉颇有研究的艾瑞克·欧森纳曾造访茵薇。他认为奥斯古德家族是要"在大洪水来临前集存珍宝"[1]。"珍宝"是英联邦,是日不落帝国,"大洪水"是历史对英联邦的重创,意味着第二次世界大战后维多利亚女王领地的分崩离析。而在北极附近,大英帝国以鲜花、树皮、苔藓的形式继续存在,这里还生长着从印度军官的花园或肯尼亚淑女那里采集的各种杜鹃花。

而在我看来,我从茵薇花园的投机冒险行为中看到了人类先祖触犯禁忌后的悲惨结局,他们不仅让美丽的花园关上了大门,也给他们的孩子带来了不幸,其中包括被杀的弟弟亚伯和被永久流放在伊甸园之东的哥哥该隐。

茵薇花园的奇迹与人类先祖的冒险行为有相似之处。尽管奥斯古德勋爵并未杀死他的兄弟,但他继承了一片和伊甸园之东一样贫瘠的土地。不同之处在于,该隐任由命运摆布,游荡在永恒的虚无之间,而奥斯古德勋爵将薄雾笼罩的茵薇打造成了热带梦境——一座伊甸园。我的假说确凿无误,而事实也证明了这一点。天堂有时也能重生,甚至能从诅咒中重生。

---

1 此处为用典。诺亚在大洪水来临前建造了方舟,携家人和成对的动物上船躲过了灾难,被带上船的动物得以存活繁衍。

蓬莱仙山

寻找长生之道
亚洲·北纬 37 度 48 分，东经 120 度 45 分

上有天堂，下有苏杭。

中国园林与波斯、阿拉伯、苏格兰、意大利、卢森堡的园林有一个共同点：它们都代表了对天堂的想象，因此值得我们绕道去看看。中国的天堂是一座遥远的仙山，名曰蓬莱，位于渤海东方的岛上。天气晴好的时候，有人有幸目睹过上面神仙居住的宫殿。这些宫殿用黄金和美玉修建，也有人说是用白金修建的。那里的鸟儿洁白无瑕，树上结满宝石，还有仙树能结出吃了可以长生不老的果实。仙人们来去无踪，转眼就像风似的飘走了，因而有关他们的信息不多。有人说，了解蓬莱的唯一办法，就是在海面平静的时候，从背面观察它的海市蜃楼。

秦始皇（前259—前210）渴望长生，他对仙人的传说深信不疑，迫不及待地命令手下的方士前去寻找蓬莱，但方士无功而返。秦始皇又尝试了几次，结果船只消失在了大海中。他还曾命人将山涂成朱红色。

中国园林忠实于复刻天堂蓬莱，因而多堆山、植树、引水、造岛。用竹、松、牡丹和莲来表现植被的茂盛。水景众多。有些园林用静水，水池中养着锦鲤；有些园林用活水，水质清澈，流向远方，形成溪流、急湍和瀑布。用嶙峋的怪石象征山。这些怪石的形状不规则，有裂纹或孔洞，石头之间有不少留白。用石头可以堆出各种动物的造型，如龟、龙、凤。

中国园丁与凡尔赛宫花园或维朗德里城堡花园的建造者不同，不会刻意追求严格的几何图案。中国园林并不以空间对称见长，它对几何图案的运用更加温和隐蔽。中国园林避免笔直的穿心煞布局。中国人并不想改造自然，而是追求与自然和谐相处。中国人造就了更高境界的自然，集真实和神秘于一体，亦真亦假。中国园林就是一个微缩宇宙。"一花一世界"，正如这样一句美丽易懂的话所言，它高度概括了中国园丁的工作：将浩瀚的宇宙引入有限的空间，展现大自然的神奇。

建筑在园林中也有一席之地。园中可见造型各异、用途多样的建筑，有亭、阁、塔、拱桥、藤架。园中的自然元素（阴）无拘无束，建筑（阳）则沿着中轴线整齐排布。开放空间分散在园中，让游人可以充分欣赏由小径、池塘、围墙和树丛共同烘托出的自然之美和它的秘密。光和光影律动是中国园林的组成元素之一：四季轮替、花开花落、昼夜更替，景致不断变化。

中国拥有悠久的历史。在数个世纪中，中国园林不断发展、变化、充实。专家认为，园林艺术在中国和书法一样备受重视，在明代达到鼎盛，这一时期相当于西方中世纪的晚期和古典时代。18世纪，传教士将西方的园林艺术带到中国。中国人被此深深吸引。再后来，中国园林走向衰落和消亡。和大多数天堂一样，中国园林也有消失的一天，不过不同于一般天堂失落时的喧嚣和疯狂，它消失得悄无声息。

> **光和光影律动是中国园林的组成元素之一：四季轮替、花开花落、昼夜更替，景致不断变化。**

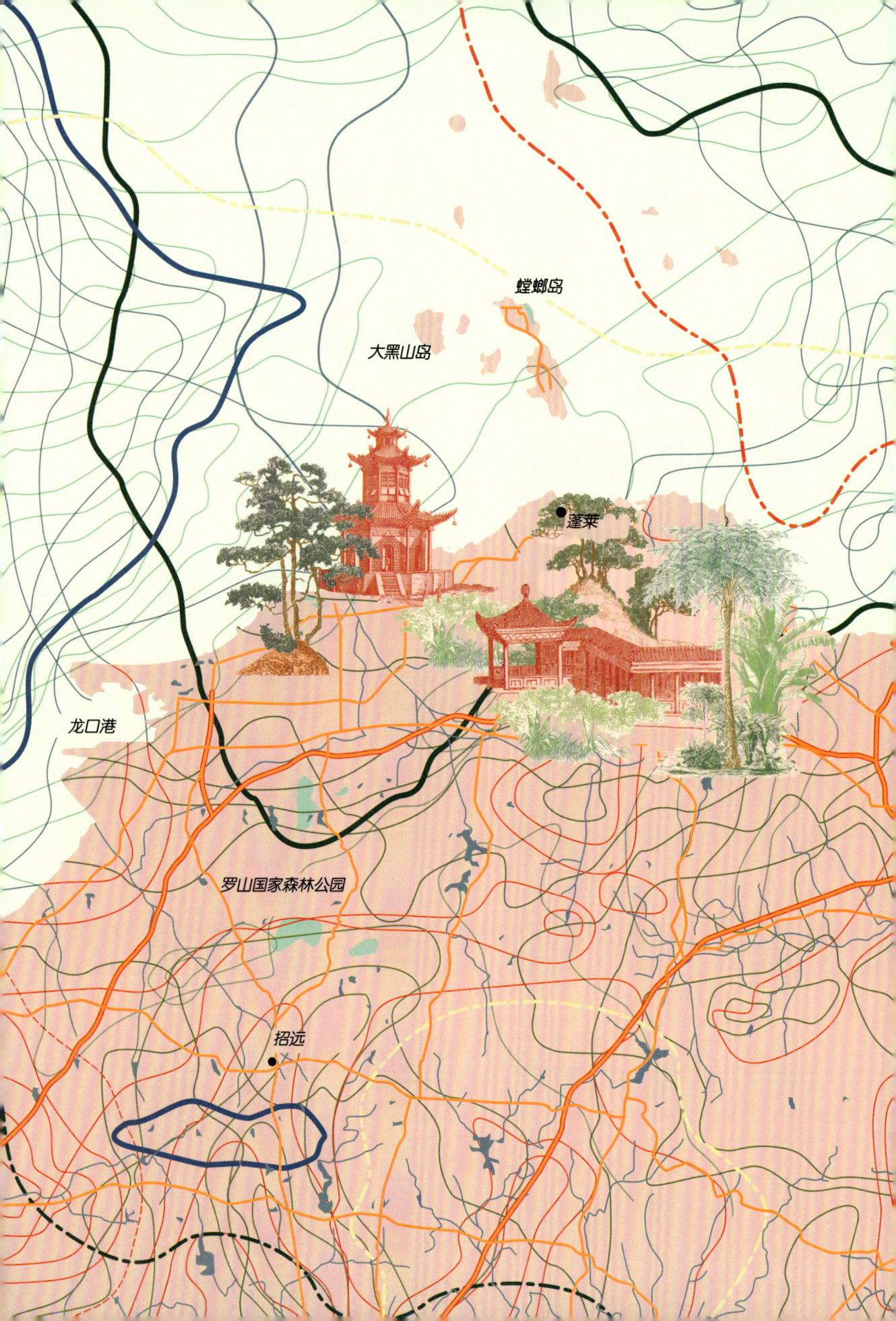

迪涅莱班

儿时天堂

欧洲·北纬 44 度 03 分,东经 06 度 14 分

我曾在天堂居住过很久,可当时的我没有意识到这一点。我的父母也没有告诉过我,因为他们也不知道。不得不说,藏在小城迪涅中的天堂不是一座十分灵动的天堂,或者说它是迷了路的天堂,甚至可以说它是因管理不当被除名的天堂。

我们自家的花园也尽可能展现着天堂的模样:方形花园的中心种着一棵高大的木兰树,它是我的祖父亲手种下的。祖父生于 19 世纪,总是穿着一件坎肩,一双黑色高帮皮鞋,戴着一副夹鼻眼镜。对祖父来说,这棵木兰就是一株分别善恶的树。它周围有一圈长势不大好的圆形树篱。

以这个树篱为中心分出了四条道路,向东南西北四方延伸。教授我们教理的奥利维尔神父讲解《圣经》时,我马上明白了这四条路就是流经伊甸园的四条河流:底格里斯河、幼发拉底河、基训河和比逊河。这些道路将我们的花园分成四等份,就像波斯花园。

有时,甚至可以说每天早上,我都会被逐出天堂,因为我不得不背上书包,穿过我们的小城去上学,在那里度过一天的时光。

一如其他天堂,我们的花园也有围墙,保护我们免受汽车噪声和闲杂人等的侵扰,总之,隔绝那些令人不适的时光,甚至能阻隔死亡。它为我们创造了一片永恒的净土,让我们无忧无虑地生活。这种布局并没有让我们感到有什么与众不同,毕竟我们街区的其他花园也大多如此,和中世纪时期的修道院花园差不多:中间一棵树,围着一圈树篱,有方形围墙和象征四条河流的四条道路。最后,我得出了一个有些自夸的结论,认为我们是幸运的:尽管我们的街区名叫塞布(在普罗旺斯方言中意为洋葱),但它却有不少天堂。

有时，甚至可以说每天早上，我都会被逐出天堂，因为我不得不背上书包，穿过我们的小城去上学，在那里度过一天的时光。早课由一位修女教授，她叫埃内斯汀，我们叫她汀汀。班上最调皮的学生叫她茄子汀汀。她对我们十分严厉，以至于我们感觉自己和杀弟后的该隐一样，置身伊甸园之东的漂泊之地。

> 我每日在伊甸园之东漂泊，这使自家天堂能够对我保持长久的吸引力，这样长的生命周期是其他天堂无法企及的。

每晚，当我结束流放回到家中，回到花园，我都不禁感叹我的天堂布置得多么井井有条。

它的建造者应该也了解这种心境。他们深知不存在永恒的天堂。再美的景致看多了也会令人厌倦，甚至令人抓狂。我每日在伊甸园之东漂泊，这使自家天堂能够对我保持长久的吸引力，这样长的生命周期是其他天堂无法企及的，不论是迦南[1]，还是敬畏安拉的信徒居住的"像天一样广阔"的天堂。木兰树一直在那里，茁壮成长。它非常壮观。每到夏天，我都会搬一条长凳，坐在树荫下回忆无比亲爱、美丽、温柔的茄子汀汀。

---

[1] 与《圣经》中应许之地的故事相关。

枫特孚罗修道院

当天堂变成地狱
欧洲·北纬47度10分，东经00度03分

修道院是超脱尘世的存在。虽然它看起来就建在我们居住的乡下，但它的花园、围墙、静谧氛围和规则保护它免受世俗侵扰。它不受尘世的节奏和物欲的束缚。它的居民构建了"秩序"而非"国家"。他们不听命于"法律"，因为法律具有时效性。他们顺应"规则"，因为规则就和天上的星辰一样，既不会迁就什么，也不会因什么而改变。

> 受洗后的我是宗教的奴隶。父母为我带来不幸，也为自己招致不幸。真是可怜人。地狱会惩罚异教徒。
>
> ——阿蒂尔·兰波

修道院不关注修士的意愿、口味、欲望和心境，也不在乎尘世的种种幻象。不论承担何种工作，每个修士都是机器中的一个齿轮。每一天都是相似的。他们忘却时光的流逝，脱离了历史演进、季节更替、心理变化，没有欲望和悲伤，甚至没有名字，修士是"没有个性的人"。

诚然，这是可以让人忘却死亡之苦的天堂，虽然修士也会陆续离世，但死亡对他们来说并不真切，因为不论是查尔特勒修会修士还是特拉普修会修士，他们在活着的时候就已经被剥夺了个人身份。在进入修道院大门前，他们就像丢弃一件破烂那样将身份与自己剥离。如此一来，他们与原生家庭断绝了关系，变得没有名字，没有后代，也没有祖先，没有过去，也没有未来。修士们摆脱了情感和历史幻象的陷阱，在永恒的瞬间获得救赎。

枫特孚罗修道院是欧洲最大的修道院。它运转良好。它的创始人罗伯特·达布里瑟在11世纪将它交由女性执掌，因为耶稣被钉在十字架上时曾说："母亲，这是你的儿子。"又对门徒说："这是你的母亲。"枫特孚罗修道院是一座综合修道院，既有修士，也有修女。罗伯特·达布里瑟尊重女性，他会赤身裸体地睡在同样赤身裸体的年轻修女中间，将抵抗肉欲冲动作为一种修行。这一习惯令他无缘圣人行列，因为罗马教廷认为这样的禁欲苦修十分诡异，甚至可能导致悲惨的结果，意志不坚定的人可能就此犯错。

修士们对修道院的管理产生过不满，他们不喜欢女性对他们发号施令。他们反抗，甚至出逃，但受到了罗马教廷的批评，因此变得顺从。在此后五个世纪中，修道院院长一直是女性。她们巧妙地设置了"监察修女"一职辅助管理，揪出"懒鬼、碎嘴和贪睡的人"。修女们每日的葡萄酒配给额度要比修士们多两倍。

枫特孚罗修道院未受历史打扰，静静地存在了五个世纪。在有形和无形的院墙的另一边，历史跌宕起伏，但修道院未受丝毫影响。然而，法国大革命的动荡还是打破了这里的平静。1791年6月2日，最后一任女修道院长出逃。劫掠者打碎了石棺，破坏了墓石上的雕像，死者骸骨也不知去向。十多年后的1804年，拿破仑决定重新利用这些废弃的建筑。

拿破仑皇帝总有很多想法。他决定将枫特孚罗修道院改造成一座监狱。天堂变成了地狱，不过这一转变还挺顺利的，毕竟地狱也是天堂的变体：它也是一个封闭的空间，可以置身历史的旋涡之外，免受时光流逝的打扰，住在里面的囚徒也过着隐居遁世的生活，他们的姓名被换成了一串代号。囚徒被剥夺了世间的财富，被要求每天甚至每刻重复相同的动作。他们服从于不容置辩的冰冷规则，也和隐修士或本笃会修士一样，成了"没有个性的人"。

枫特孚罗修道院为我们上了黑暗的一课。它让我们明白，天堂并不是永恒的，至少人类企图仿造的天堂并不是永恒的。拿破仑向我们证实了这一点，虽说地狱与天堂截然相反，但不论是修道院还是监狱，原理其实都是相同的。唯一的区别在于，前者是绝对的善，后者是终极的恶。不幸的是，天堂与地狱之间的隔板，并非密不透风。

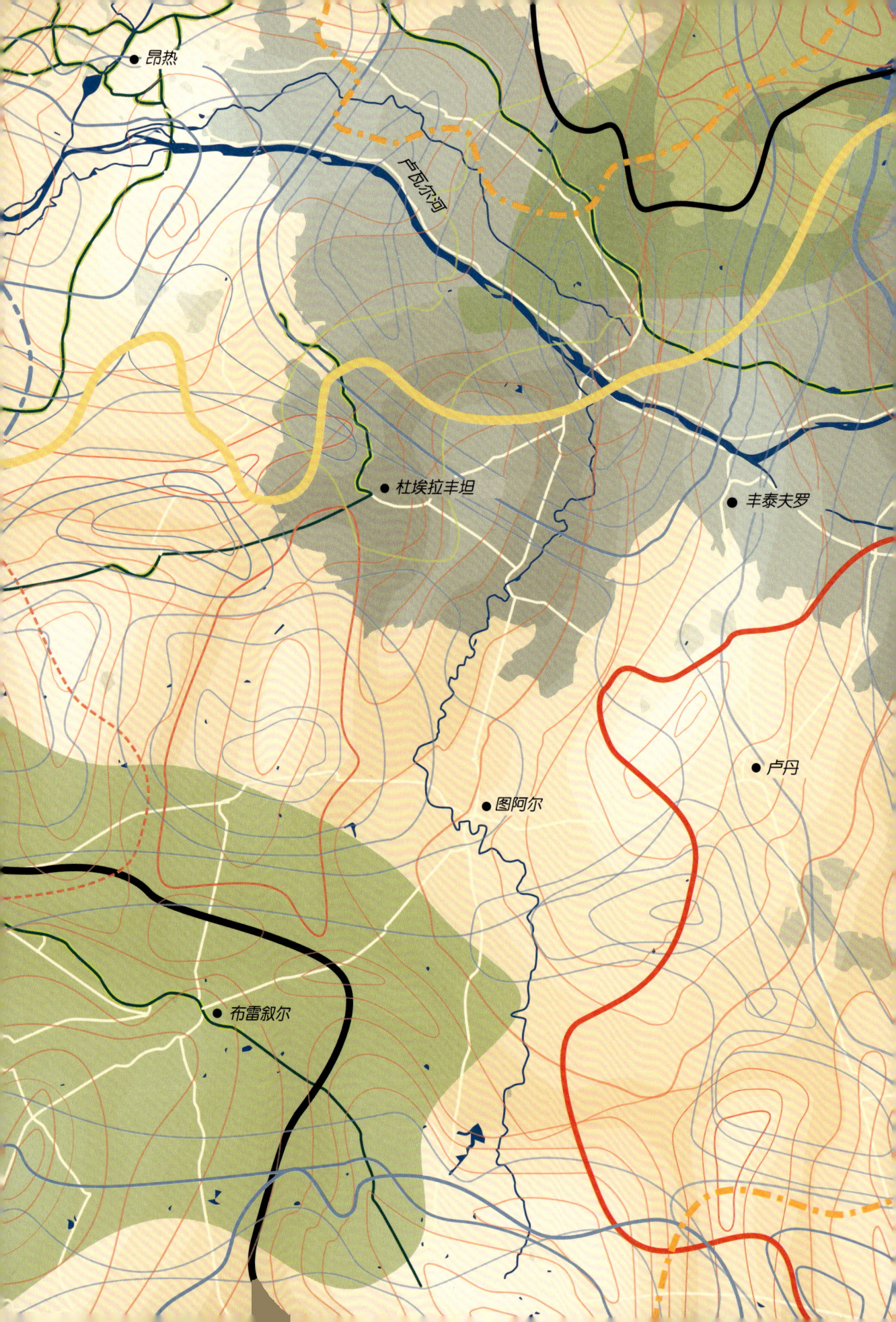

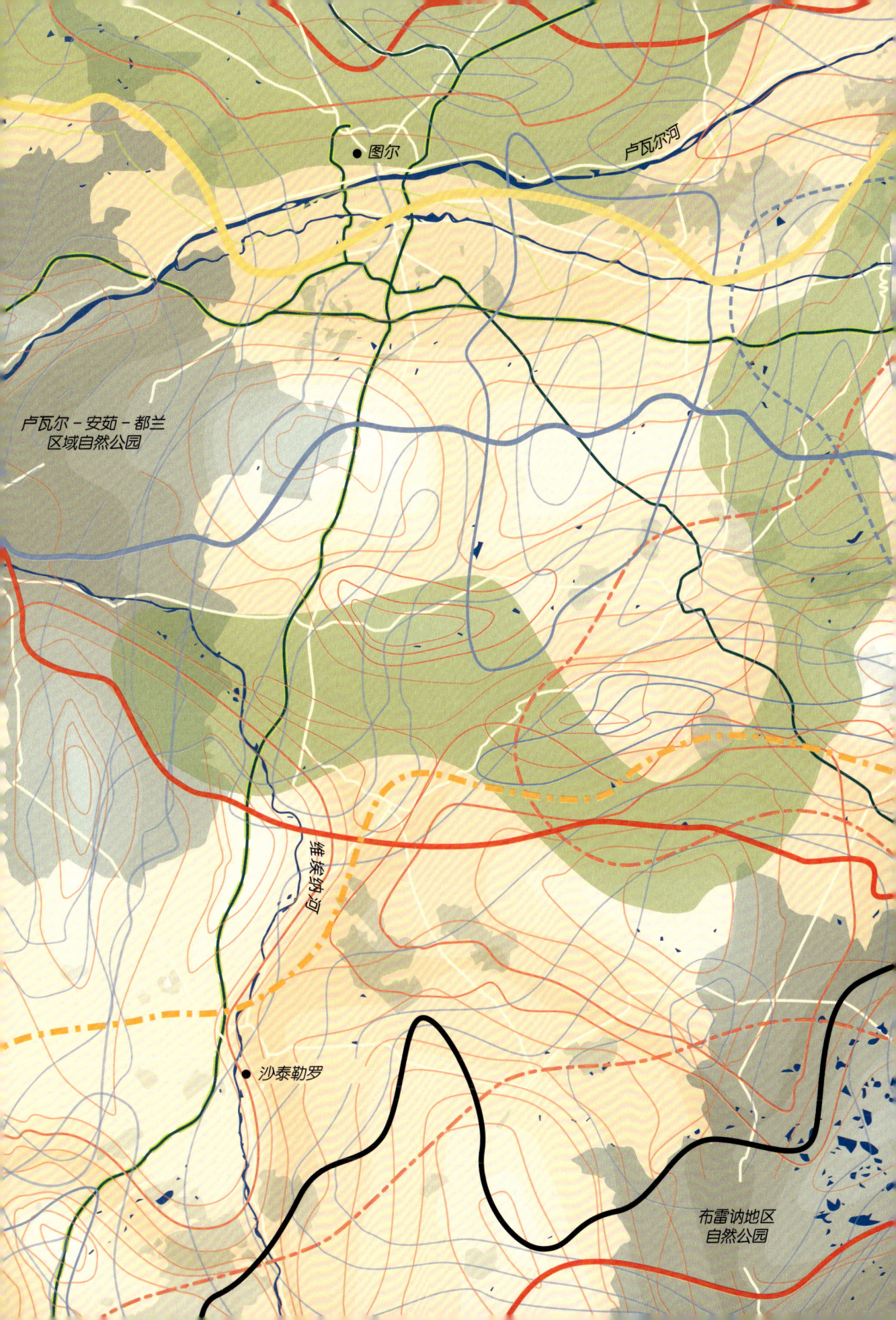

风月场

宗教信仰与肉体欢愉的结合
欧洲·北纬49度14分，东经07度00分

悲伤天堂。

——保罗·克洛岱尔

欧洲从来不缺天堂，而且样式繁多。其中最著名的一个坐落在法国和西班牙国界附近的拉洪克拉。在法国的另一侧国界，为抵御希特勒的装甲部队修建的马奇诺防线附近，萨尔布吕肯的天体主义天堂夜总会是另一处伊甸园。在白天，常有年轻的姑娘赤裸着身体在大厅里漫步；到了晚上，来自法国和德国的欲火焚身的男人们也加入其中。

我们不由得慨叹，上帝创造的用来奖励人类的非凡乐园，如今却成了寻欢作乐之地的招牌。这一传统由来已久。早在1871年，在刚刚经历了法德战争并镇压了巴黎公社运动的法国，就有一家名为天堂的妓院开业。

宗教信仰与肉体欢愉的结合有着悠久的历史。弗朗索瓦·维庸对此表示欣赏，不过他本来也不是什么好人，后来夏多布里昂也表达过同样的观点，他是法国贵族，著有《基督教真谛》。夏多布里昂在《墓中回忆录》中写道："在尼奥尔，曾经有一家修道院模样的妓院。"1946年以前，巴黎有一家著名的"修道院"妓院。它坐落在圣叙尔皮斯街36号，靠近圣叙尔皮斯教堂。由于这家妓院为神职人员提供服务，里面的房间被称作"圣器室"或"忏悔室"。同时由于天堂往往会沦为地狱，它还有一个叫作"撒旦"的房间。房间里备有各式情趣用品：锁链、十字架、手铐和制服。

对妓院的传统叫法坐实了夏多布里昂的直觉。推开"幻象屋"[1]的大门，我们便进入了一座"神秘的堡垒"。一如修道院，在妓院中，世俗社会的规则并不适用，甚至被颠倒。妓院云集的"红灯区"看似与我们同处一地，但实际上存在于另一个时空。

---

[1] 法语俗语中指妓院。

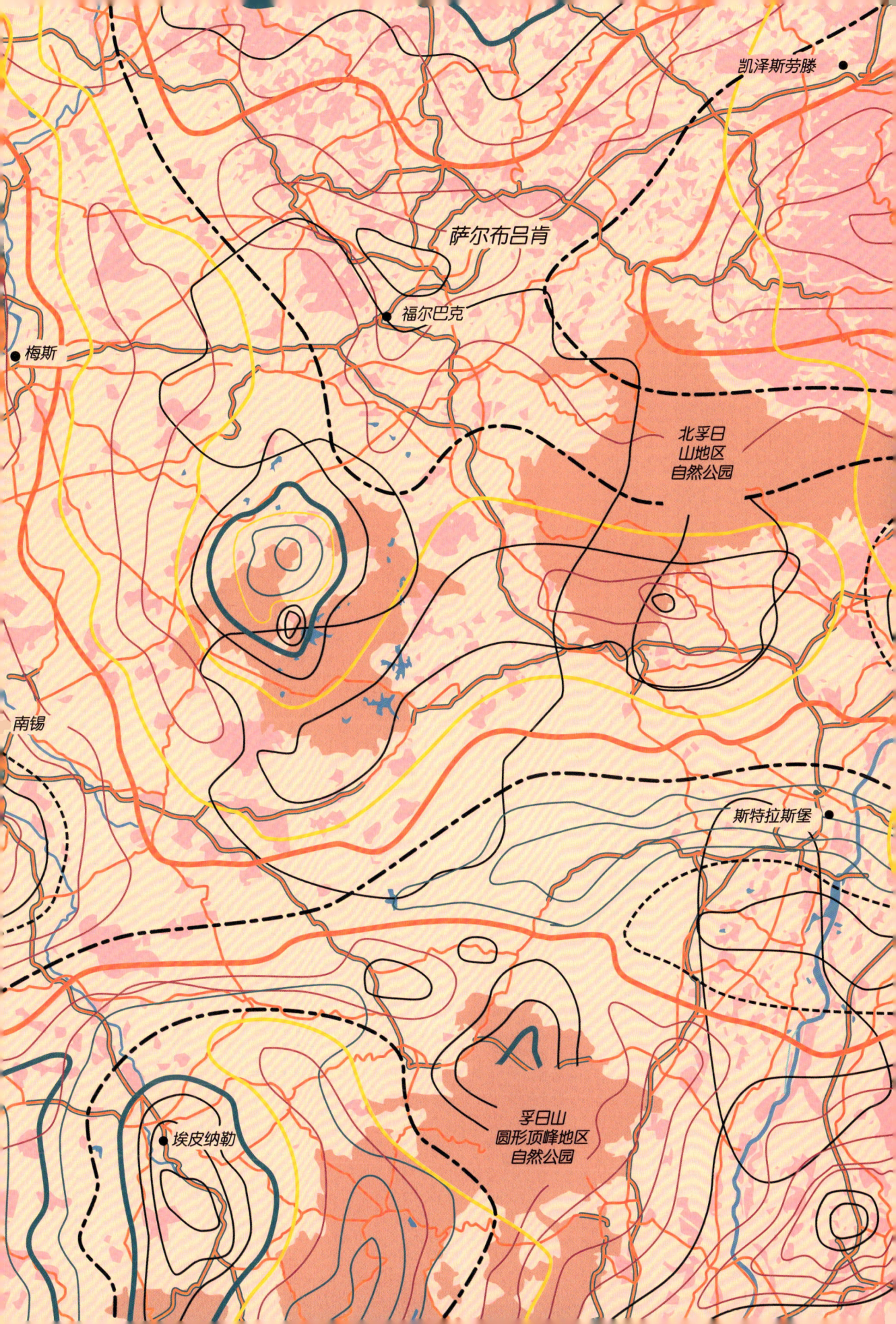

1944年，服务于美军士兵的妓院遍地开花。和遍布各地的修道院[1]、教区修道院[2]、特拉比斯会修道院[3]、加尔都西会修道院[4]一样，妓院的招幌也满处都是，甚至可以说是无处不在。妓院并非彻头彻尾的凡间之物，它是"天堂的一隅"，引导我们的共和国[5]法律在它昏暗的灯光中显得苍白无力。红灯标志着妓院的入口，它通向一个美妙、危险，甚至恶魔般的领域。

在妓院中，世俗社会的规则并不适用，甚至被颠倒。

在法语中，妓院也被称为"封闭的屋子"：它是一个封闭的体系，有自成一体的规则和动能，不需要与外面的"大千世界"发生联系。请求、鞭笞、欢愉、狂喜，妓院的所有产品，都是现场纯手工制作的。和修道院一样，妓院也自给自足。妓院的顾客也没有身份。我们不知道他们从哪里来。他们到这虚幻之地游走一番后便离开了，又回到世俗中去。一些时髦的妓院可以让客人体验其他身份，并为他们准备了相应的角色制服。水管工摇身一变成了退休的将军，测绘员成了公证人，园丁成了主教，而在下一秒他亲吻了修女。

戒律严格的特拉比斯会或加尔都西会修道院大多有相似的要求。在进入内院的回廊入口处，新晋的修士获得一个新名号，领取一套修士服，从此保持缄默，并且知道自己已经与原生家庭断绝关系。属于他自己的只剩生与死。

---

1 couvent，一种常见的修道院，不强求避世，它的修士和修女可以外出。
2 abbaye，依附于教区存在的修道院，通常有一套自治体系。
3 特拉比斯会，又译作特拉普会或严规熙笃隐修会，源自17世纪法国诺曼底地区的拉特拉普修道院发起的改革运动，旨在追求更加俭朴的生活方式。
4 加尔都西会，又译作嘉都西会或沙特勒斯修会，由圣勃路诺创立于1084年，兼收男女，该教会是一个群居的隐修会，很少与外界接触，也不派遣任何传教士。
5 指法兰西共和国，即法国。

妓院的姑娘们也要遵守类似的规矩。她们要为自己起一个新名字，穿着不能穿上街的衣服；她们已经脱离社会，不在乎世人的指指点点；做爱时，她们没有欲望、没有激情、没有爱意、没有记忆，也并不享受。特拉比斯会修士取得新身份是为了换一种人生，而光顾妓院的水管工只能扮演一小会儿的主教，而后又要急匆匆地赶回家，以免他的妻子抱怨炉子里的肉烤煳了。从这一点可以看出修道院与妓院的明显不同。修道院中的时间被无限拉长。修士和修女签下终身契约，直至永恒。修道院中的时间过得很慢，几乎静止。而在肉欲天堂，情况则完全相反：那里的一切都加快了。我们可以试想发生在妓院里的婚礼：就像倍速播放的电影《香港女伯爵》[1]。年轻的小伙和姑娘一见钟情，以全速坠入爱河，省去了定亲的流程，用不到半小时完婚，然后分道扬镳。

---

[1] 喜剧大师查理·卓别林的最后一部作品。一名美国富豪乘邮轮回美国，途经香港时，一名落魄的白俄女伯爵潜入其房间，意图偷渡美国，结果被富豪发现，二人互诉衷肠后共浴爱河。

瑞兹沙漠

风景和文明之集大成者
欧洲·北纬48度54分，东经02度02分

以赛亚曾预言，有朝一日沙漠也会和水仙一样绽放。耶稣[1]、神明、先知和智者都对沙漠情有独钟。它拥有一切令人喜欢的理由：广袤无边、天空、沙子、石块、渴望、刺眼的阳光，还有美丽的夜色，没有什么能比置身于孤绝之境和壮美之景间的感觉更美妙。沙漠仿佛凡间和彼世的"连通器"。

沙漠创造了神和宗教。穆罕默德在沙漠中的希拉山洞内沉思冥想。天使长加百列前来找他。穆罕默德受宠若惊。加百列向他降示。回到麦加后，穆罕默德传播了上帝的福音。

亚伯拉罕曾在沙漠中居住，何西阿曾告诉我们："我要将你带去沙漠，我会与你心灵交流。"后来，摩西在"广阔又可怕的"沙漠中度过了40年时光，并见到了耶和华。耶稣在沙漠中停留过40天，并由此走进公众视野。魔鬼想要蛊惑他，好在耶稣没有受到蛊惑。

瑞兹沙漠不如西奈半岛和巴勒斯坦的戈壁那般广博。[2] 它建于18世纪，它的缔造者亨利·拉辛·德蒙维尔也没有穆罕默德和耶稣那样的雄心。德蒙维尔的榜样是莫里哀剧作《恨世者》中的阿尔赛斯特，这是一个愤世嫉俗的人物，他想要在"沙漠"中了结上流社会的矫揉造作、虚伪和恶毒。

"有时，"阿尔赛斯特说，"我会突然想逃到沙漠去，避开所有的人。"

不过，德蒙维尔先生颇具个人魅力。他有钱又英俊，擅骑术，会吹笛，开弓能射中野鸡。他的爱好是植物学。1777年，他从皇家园圃订购了一笔大单：数以千计的花木，其

---

1 原文直译为"牧羊人"，在基督教语境中特指耶稣，典出《圣经》。
2 西奈半岛与摩西的传说有关，巴勒斯坦古称迦南，与亚伯拉罕的传说有关。

中大多是热带植物。而他在马里森林附近的尚布尔西市打造的花园，也跻身启蒙运动时期最美的花园之一。

偌大的园中点缀着不少亭台，德蒙维尔先生称其为"小景"。不像阿尔赛斯特那样爱抱怨，他会邀请欧洲上流人士、诗人、音乐家和舞者造访他的清净之地。他会弹起鲁特琴，与格鲁克、杜巴利伯爵夫人、玛丽·安东妮王后、瑞典国王古斯塔夫三世、托马斯·杰斐逊和利涅亲王一同欢畅：启蒙运动时期的明星人物都曾造访瑞兹沙漠。我们可以列举一系列园中小景。其中包括用来储存雪糕用冰的金字塔冰窖。一位监工的年轻建筑师曾吹嘘这是他的主意，德蒙维尔训斥并赶走了这个傲慢的建筑师。另一处小景——隐修小屋——相当于一个小剧场，访客可以在这里见到修士，而这个修士是德蒙维尔花钱雇来的，德蒙维尔要求他不能洗澡，不能剪指甲，也不能剪头发。

瑞兹沙漠拥有多样的景致，有花草园、小山谷、池塘、小岛、英中园林、珍稀树木和草地剧场。在众多小景中，不得不提的还有内饰印花棉布的鞑靼人帐篷、欧洲最早的中国风房间、哥特风教堂、潘神庙、古罗马祭坛、宁静神庙、陵墓、橘园、奶制品作坊和农场等。德蒙维尔先生是个"博学之人"，他将瑞兹沙漠变成了风景和文明之集大成者。

所有小景中最奇特的是一幢看似被毁的石柱形建筑。它高25米，直径15米，呈圆柱体，里面围绕着中央螺旋楼梯分布有6层房间。房间内陈设奢华：有镜子、叶形装饰和桃花心木家具。这个圆柱体建筑看起来就像一座已消失的巨大罗马神庙的遗迹。它建于1781年。德蒙维尔先生可能是共济会信徒，在他看来，这栋建筑象征着法国大革命的冲击下欧洲文明秩序的废墟。在1792年的易手和混乱中，瑞兹沙漠走向衰败。罗伯斯庇尔的倒台虽然让德蒙维尔先生免受绞刑，但他最终死于1797年，为他的情妇所害。瑞兹沙漠彻底没落，和它的名字一样，回归了"沙漠"。珍奇的树木和花卉枯死，亭台、庙宇和石柱坍塌。而欣赏废墟的超现实主义者赞颂瑞兹沙漠消逝的美。

熟知所有法国园林的科莱特称它是"我的人间天堂"。她的评价很客观。这就是一处坠入人间的天堂废墟。

1965年，安德烈·马尔罗出任戴高乐的文化部长。瑞兹沙漠自此缓慢恢复生机。

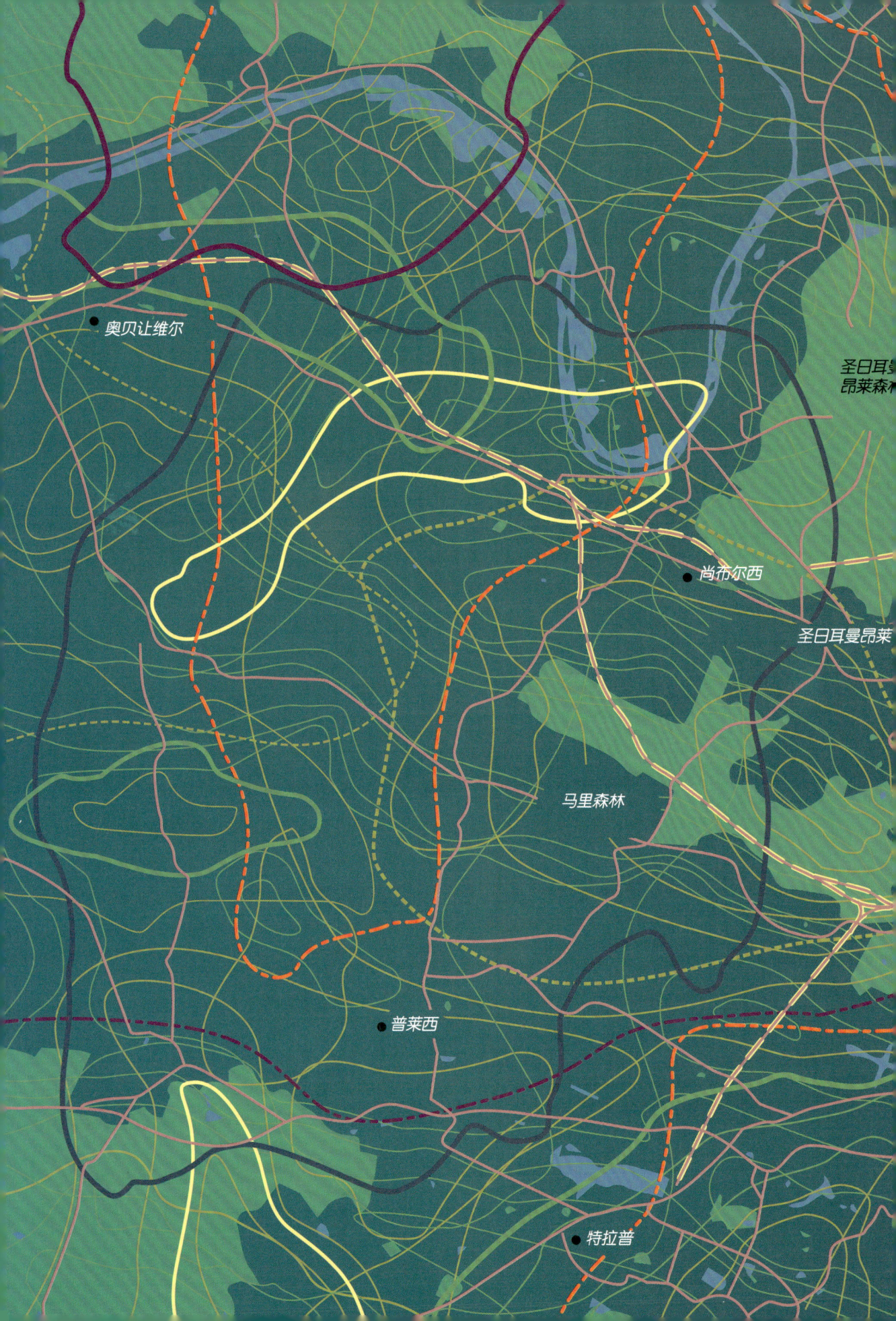

贝居安会修道院

无拘无束地生活
欧洲·北纬50度38分，东经05度34分

神学家们通常会说人们死后才能进入天堂，但总有一些人等不及，他们要造一个小天堂，以便在活着的时候就能在美丽的花园中尽情欢乐。修道院是一种人间天堂。那里有漂亮的，甚至可以说奢华的殿堂，修士和修女们组成一个个和谐的小社会，终日祈祷，保守贞洁，辛勤工作并献身于歌颂上帝的事业。

修会有一不足之处，它要求成员从进入修道院大门起就放下所有生而为人的魅力，放下财富、奢华、嫉妒、傲慢、自私和荣耀。如果不做出这些牺牲，他们将无法成圣，天堂的美妙也会从指缝间溜走。这解释了为什么会有人动歪心思，不想加入这些宗教团体，而是尝试在现世获得幸福和永恒。

告诉我，阿加特，你的心有时可会高飞，
远离这污秽城市的黑暗的海洋，
飞向另一个充满光辉、碧蓝、明亮、
深沉、纯洁无瑕的大海？
告诉我，阿加特，你的心有时可会高飞？
　　　　　　　　——夏尔·波德莱尔[1]

中世纪时，贝居安会修女发起了一场颇具影响力的女性运动，她们主张天堂的严苛要求可以与自由的世俗生活兼容。最早的贝居安会修道院在12世纪出现于列日，在北欧设有分支。贝居安会修女生活在修道院周边漂亮的独栋房子中。她们虔诚而世俗。她们是自由的。她们的生活方式是集体自治，既没有统一的戒律也没有修道院院长。每位贝居安会修女可以定义自己的戒律，或者说定义自己不受什么戒。贝居安会修女是自由身，通常是单身或寡妇。她们可以选择发愿，比如发愿坚守贞洁，避免耽于色欲。如果某个修女已经结婚，她也可以这样发愿，只需要排除自己的丈夫。

---

[1] 节选自诗人夏尔·波德莱尔的《忧伤与漂泊》，此处引用了梁宗岱先生的译本。

> 每位贝居安会修女可以定义自己的戒律，或者说定义自己不受什么戒。

贝居安会修女经常祈祷。她们会在养济院工作，就和在自家工作一样。她们还有自己的织坊，这常常让织工行会感到不满。她们都是能工巧匠，能做蜡烛、纺羊毛，其中受过良好教育的修女还能绘制圣像画或誊抄典籍。我们称之为"托钵修女"[1]。

贝居安会修女的成功星火燎原，她们的修道院很快遍布各地。在这些世外桃源中，女性能够以自己的方式歌颂上帝的荣光，不必为修道院的清规戒律所束缚。最初，贝居安会从普罗大众中招募修女，但很快吸引了中产阶级知识分子和富人们进驻修会的小房子，这些人也是看中贝居安会既可以为上帝服务，又不受戒律约束，没有严苛的婚姻限制，还能摆脱烦人的修道院院长的管教。

教会最初对这场兼具宗教性和世俗性的运动表示默许。贝居安会践行和倡导的德行也获得了教会的欣赏：工作、清贫、祈祷。但后来，随着贝居安会越来越受欢迎，主教们开始担忧起来。他们看到一些君王和领主给予了贝居安会可观的捐赠，因而担忧自己的修道院或教区的捐赠被削减。况且这些女性太奇怪了。她们不受男性的约束，拥有过度的自由。

问题在于，在教会高层看来，自由与神圣格格不入。而且严格来讲，如果追求绝对自由的是男性，那顶多算一半的恶。可是贝居安会完完全全由女性组成，更对撒旦的胃口。同时，主教们也开始思考，这些人是不是披着宣扬工作、清贫和祈祷的外衣，在向教会内部渗透最为致命的东西——自由。他们知道那意味着什么：如果放任自由，所有的秩

---

[1] 托钵修女会是将所有时间和精力投身于宗教工作，自身清贫，因而以乞食为生的修女。贝居安会修女也属于这一种。

序都会崩塌，接下来就是混乱，亵渎宗教的行为就能获得胜利。

此外，她们还为人们所颂扬。杜塞琳·德·迪涅于1240年加入贝居安会，她总是穿着一身猪皮，从来不脱。当她身边的人强行将这层猪皮扒下来时，她自己的皮肤已经和猪皮长在了一起。但杜塞琳并未就此罢休。她又在猪皮外加了一圈荆棘条，这将她扎得遍体鳞伤，伤口流脓后还生出了蛆。她终年35岁，此后她因显圣被宣福[1]。

无法获得自由的女性心生对等级制度的厌烦。贝居安会修女不仅摒弃了世俗体制，甚至摒弃了教会本身。她们尽可能地以道德为准绳。而主教们对此表示怀疑。1233年，宗教裁判柯那德·凡·马柏格宣称贝居安会修女受到了诅咒。1310年，主张让上帝之爱进驻自己的灵魂以达到人神合一的玛格丽特·波雷特被活活烧死。教皇克莱孟五世也判决贝居安会修女有罪，宣称她们是异端。

此后，贝居安会经历了长时间的沉寂。除了因获得弗兰德地区[2]教会的认可而在当地继续存在，整个欧洲其他地区都不见贝居安会的踪影。但是有关它伟大尝试的记忆并未被抹去。

贝居安会完完全全由女性组成，更对撒旦的胃口。

在德国和法国各地，它还曾不时短暂复兴。1951年，比利时弗莱芒小说家、后来的龚古尔学院成员弗朗索瓦丝·马莱·若里斯写了一部精彩的小说《贝居安会修女的围墙》，讲述了女性间的爱情故事。

1　宣福是一种天主教仪式，用于追封已过世的人，意在尊崇其德行。
2　法国旧时地区名，位于今法国东北部。

西西利亚

无政府主义幻想

南美洲·南纬 25 度 25 分,西经 50 度 00 分

> 我得承认我的方案还不完备,我得出的结论与我想法的出发点背道而驰。出发点是无限的自由,结论却是无限的专治。
>
> ——费奥多尔·陀思妥耶夫斯基

1871 年,佩德罗·德·阿尔坎塔拉·若昂·卡洛斯·莱奥波尔多·萨尔瓦多·比比亚诺·弗朗西斯科·沙维尔·德·保拉·莱奥卡迪奥·米格尔·加布里埃尔·拉斐尔·贡萨加来到意大利。他见到了一位名叫乔瓦尼·罗西的兽医,并赠予兽医一块巴西的地皮。乔瓦尼·罗西并不惊讶,因为这位佩德罗正是统治巴西帝国五十多年的皇帝佩德罗二世。罗西是一个无政府主义者,他接受了赠予,召集了一些好友一同前往,包括十位男士和一位名叫奥林匹亚的女士。

这群人搬到了巴西的巴拉那州,在那里开辟了一片无政府主义殖民地。他们证明了人类也可以创造小型天堂:社群氛围平和、快乐,没有压迫也没有等级,基于自由和尊重,资本主义社会的毒瘤被消除。这一时期,这些来自欧洲的无政府主义者致力于大兴土木和屠杀当地人。罗西提出无政府主义本身就可以激发幸福,在世间打造出天堂。

开端是好的。居住在西西利亚的人工作卖力,饮食节制。殖民地逐渐扩张,人口数量达到了 150 人。但著名的意大利无政府主义者马拉泰斯塔却并不高兴,他一点也不喜欢西西利亚。他觉得乔瓦尼·罗西是"叛徒"和"逃兵"。

殖民地的发展并不顺利。由于缺少资金,人们只好赊账购买食物。殖民地还向巴西政府出借了自己的劳力,参与修建公路。罗西突然意识到"这在精神上出卖了无政府主义",它已经让位于"专政和议会制"。由于没有领导,西西利亚的运行仰赖民主投票。但效果并不理

想。罗西打算重操旧业做兽医，西西利亚也日薄西山。

1891年6月，七个家庭逃离了西西利亚，还带走了牲畜。后来，几名意大利农民的到来带来了短暂的平静，但他们都是"吝啬鬼"，也不信任任何人。西西利亚已经广受诟病。罗西亮出了最后一张底牌。他组织了一场自由性爱，但没有什么比自由更难组织了。罗西固执地认为"家庭是不道德、恶意和愚昧的最大温床"。四年后，西西利亚结束了它的历史。但一个半世纪后，关于它的记忆依然在空想主义者的幻想中涌动。这次大胆的尝试令人感到几分忧伤。我们不禁要问，从何时开始天堂变成了炼狱，为什么它会重蹈覆辙，走上神明、英雄、神话和心怀美好愿望的人类构想出的天堂都会经历的坎坷之路。

> 人类也可以创造小型天堂：社群氛围平和、快乐，没有压迫也没有等级，基于自由和尊重，资本主义社会的毒瘤被消除。

是什么导致了失败？这些外乡人本该像牲口一样卖力工作。但是，当时的空想主义者受到了致命的诱惑：偷懒的权利。

对于乔瓦尼·罗西来说，失败首先源于自由性爱造成的混乱。"虽说没有任何人不尊重女性，但是自由性爱的观念还没有被我们的女伴们接受，这令单身汉们感到苦恼。"

生活在公元前5世纪的柏拉图也有过相同的困扰。诚然，柏拉图在《理想国》中推崇的模式与无政府主义恰恰相反，他主张建立严格的秩序，但柏拉图和罗西的目标是相同的：构建一个完美社会。

柏拉图认为，如果两个年轻人想要孩子，需要一位年长的女性在旁边监督他们的造人活动,以免他们过于忘情,陷入可怕的原始本能。第二天早上,夫妇二人要分开用餐。他们和其他所有人一样,都像提线木偶!有时晚上有舞会,少男少女们要赤身裸体参加。不过可别高兴得太早了!舞会上同样也有已婚妇女监督他们。裸体舞会的唯一作用是更好地让少男少女们结对,以便为城市提供模式化的市民。

柏拉图将家庭观连根拔起。孩子一出生就与父母断绝了联系。这导致了另一种危险的情况。父亲有可能和他的女儿上床,因为他根本不知道谁是自己的女儿,但柏拉图给出了自己的解决方案:每个男人都要将自己做爱七个月后出生的所有女孩当作自己的女儿看待。

令人失望的是,不论是因提出集权城邦而饱受争议的理论家柏拉图,还是无政府主义的信徒乔瓦尼·罗西,都带给我们相同的教训:家庭仿佛地狱的一块暗礁,所有天堂都会在它上面撞得粉碎。

我们不禁要问,从何时开始天堂变成了炼狱,为什么它会重蹈覆辙,走上神明、英雄、神话和心怀美好愿望的人类构想出的天堂都会经历的坎坷之路。

法伦斯泰尔

建造一座天堂
欧洲·北纬49度54分，东经03度37分

我们曾经想将工人住宅建成宫殿。

18世纪至20世纪，以及更早的15世纪和16世纪，都产生了不少天堂（修道院、乌托邦、风月场、光辉之城[1]、两性雅集[2]）。可惜，它们都慢慢消失了，在幻灭时甚至都不曾发出一丝微光。

夏尔·傅立叶也是一位天堂缔造者。他是个天才，但有些唠叨和古怪。他创造了法伦斯泰尔（源自希腊语"方阵"和"立体"[3]）。一个中等大小的法伦斯泰尔约400公顷，里面种有花卉和蔬菜，可以容纳400个家庭（2000人）。

傅立叶的学生让-巴蒂斯特·安德烈·戈丁靠着发明生铁炉子赚得盆满钵满。他慷慨捐资，建造了几座布局整齐、公平公正的现代城市。其中最为著名的是吉斯工人之家。"建造宫殿不应用茅草，工人家庭也不应居住在陋室中，我们要将工人的住宅建成宫殿。"卡尔·马克思曾斥责过戈丁，认为人们不应忘记"阶级斗争"。戈丁还在布鲁塞尔建造了另一个法伦斯泰尔。这两处法伦斯泰尔都很成功。但它们在1968年奇怪地消失了。

"1968年美丽五月"的大规模起义也源自众多的乌托邦试验。其中最为活跃的是上普罗旺斯阿尔卑斯省利芒市的隆戈迈团体，该团体直到2017年仍充满活力。团体的创始人确实做好了准备：隆戈迈在奥克方言中意为"还要很长时间"。"在隆戈迈，1970年我们是抗议者，2017年我们仍是抗议者，我们有自由电台[4]、有鸡、有羊、有西红柿，还有全世界的朋友——不论他们有没有合法身份，也不论他们有没有固定住所。"

---

1 勒·柯布西耶设计的建筑。
2 中世纪传统，男女们聚在一起讨论问题或对彼此献殷勤。
3 "法伦斯泰尔"的法语为phalanstère，"方阵"和"立体"的希腊语分别为phalanx和stereos。
4 自由电台（Radio Zinzine）是法国一家自主管理的无政府主义电台，频道覆盖上阿尔卑斯省、罗讷河口省、沃克吕兹省和上普罗旺斯阿尔卑斯省。

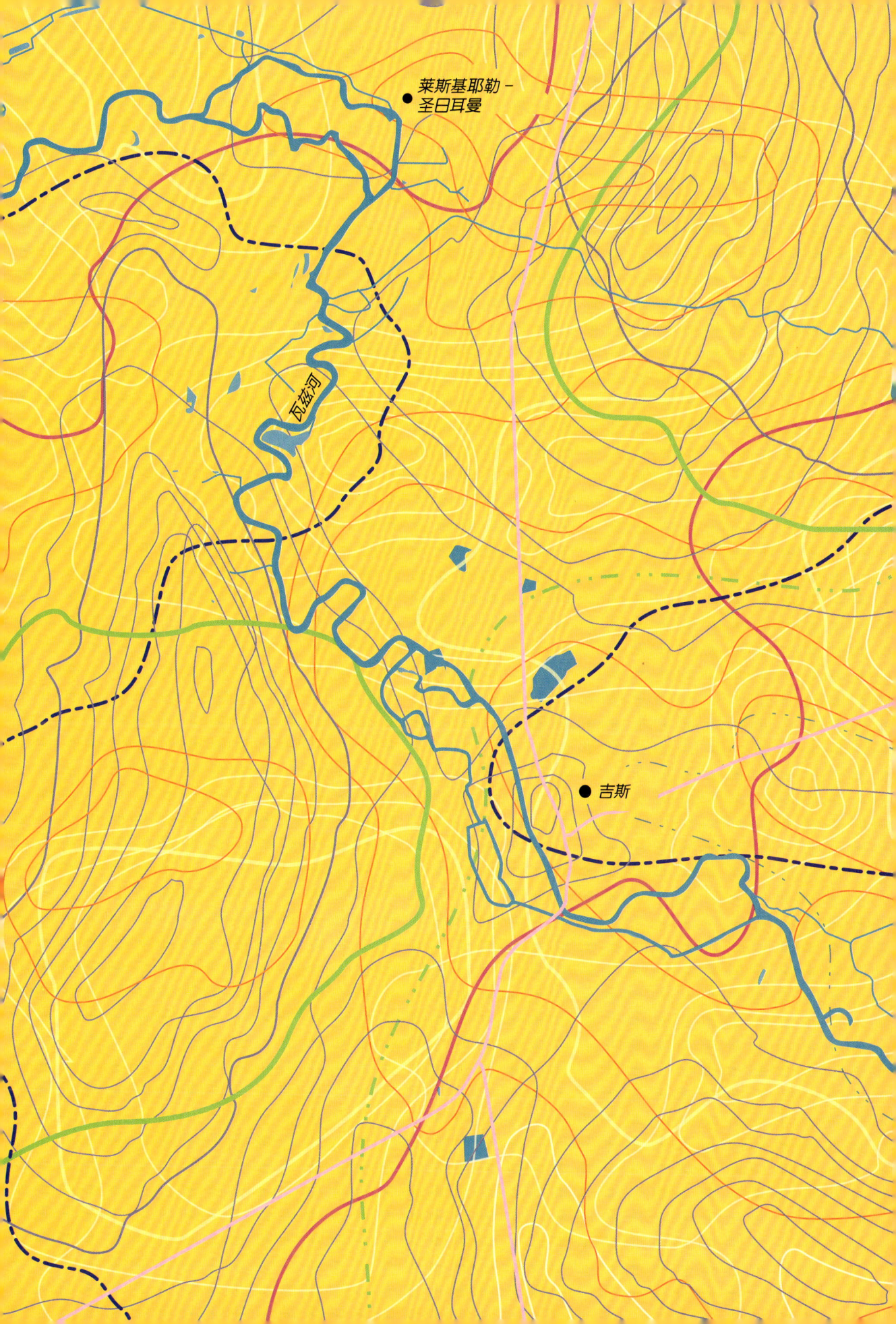

米 雷

一座完美、自主、耐久的城市
亚洲·北纬 37 度 31 分，东经 16 度 45 分

两千五百名年轻妇女在作坊里工作，她们有的坐着，有的站着，都很迷人。她们是熟练的女工，做活速度快、质量高。几个女工用优美又充满活力的歌声歌唱作坊的欢乐生活。整个作坊都回荡着同样的旋律和迷人的快乐空气。

——埃蒂耶纳·卡贝

公元前 5 世纪，在爱奥尼亚[1]沿岸，欧洲与亚洲的交界地带，诞生了一些古希腊城市。它们颇为惊艳。在哈利卡那索斯、米雷和以弗所之间，波斯帝国的边境上，出现了自由精神的最早画面。它们虽然脆弱，但它们发出的光芒仍然在照耀我们。在这些画面中，追求自由的志士与众神的盲目惩罚和流血事件形成对比。

在不远处，托罗斯山脉的另一边，是一望无际的沙漠王国。波斯君王怎会不垂涎爱奥尼亚的古希腊城市？后者拥有数学家、诗人、赭色和紫色头发的舞者，两千年后这些人物的雕像在帕特农神庙遗址上被发现。

亚洲人[2]的军队迫近。米雷人展开自卫。他们烧毁了居鲁士大帝设置在吕底亚省的省会城市萨第斯。后来，大流士又袭击了米雷，将它变为一片废墟，但米雷并未就此消亡。建筑师希波达摩斯受命重建被毁的城市。他拥有充分的自主权，开创了一种新的城市形态。

在希波达摩斯之前的数千年中，城市是根据对特定的历史节点的回应、在摸索中发展起来的。房屋所用的建材有木、石和沙，而它们的建设是无序、自发、偶然且无法预料的。那时的城市是一个有机体，就和沉积物、贝壳、苔藓和森林一样。

---

1 古希腊时代对今天土耳其安纳托利亚西南海岸地区的称呼。
2 此处指波斯人。

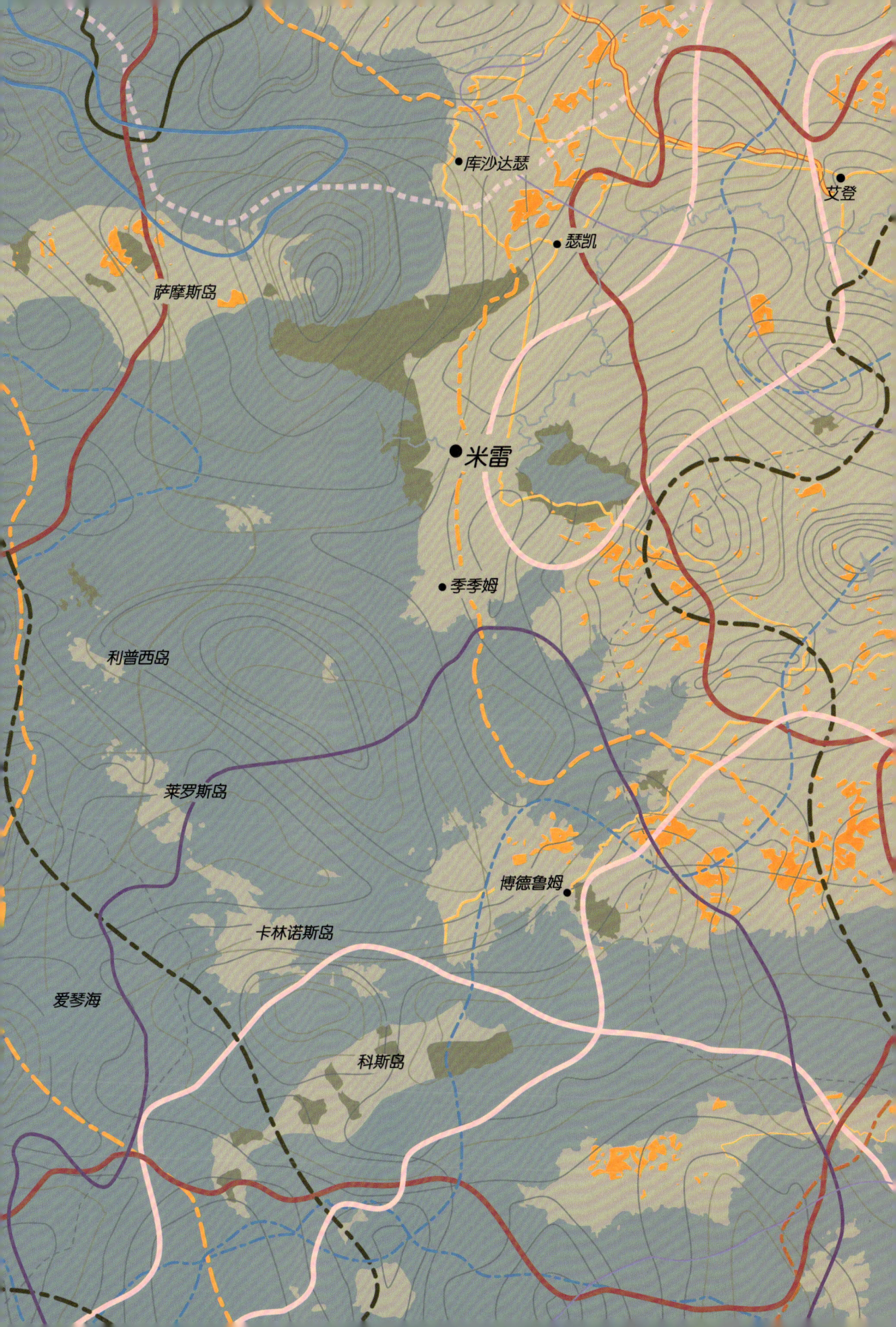

> 在这片人类从众神手中得到的面目全非的土地上，新兴城市构建了逻辑与和谐。

希波达摩斯进行了创新：他要打造自主、完美、耐久的城市，和天上的星辰一样规律地运行。他要将城市从自然和历史的无序中连根拔起，将时间——混乱、战争和悲伤的诱因——排除在外。城市不再和石笋一样，需要长时间自发形成，而是一夜之间出现在希波达摩斯的图纸上，完美、完整，注定如此。它是几何学和逻辑学的女儿，而非时间或偶然的孩子。出于数学、平等和理性的需要，城市可以突破自然地貌的限制。

希波达摩斯是一位建筑师。但他同时也是一名哲学家。他深信城市的布局和路网，以及街区、神庙、市场和屠宰场的分布，不仅影响着城市居民的日常生活、思维观念和欲求，还反映了城市与历史要求相抗衡的结果。在这片人类从众神手中得到的面目全非的土地上，新兴城市构建了逻辑与和谐，成为一片混沌中的理性天堂。

亚里士多德用这样几句话概括希波达摩斯的想法："他的共和国由一万名公民组成，这些人有三类：手工业者、农耕者、手拿武器的城市保卫者。土地也分为三类：神圣土地、公共土地、私有土地。"

希波达摩斯为后人留下了布局方正的城市。他规划的城市遵循几何原理，街道路网横平竖直。这位希腊人引领了城市变革。他将城市从混沌中抽离，赋予它线、角和圆构成的网络。他让城市摆脱自然属性，成为一件人造品，一台"机器"，城里的居民各司其职，就和用墨线和量规勘定的城市布局一样完美、耐久。

米雷的建筑师是乌托邦的发明者：他规划的城市要让居民享有和谐、和平和幸福。城市勾勒出天堂的雏形，但它并非出自英雄或众神之手，而是工程师的手笔。此后，意大利人康帕内拉、法国人卡贝和傅立叶、英国人培根和莫尔……许多天才人物都描绘了他们心中人间天堂的模样。

> 乌托邦主义者前赴后继，纠正神明留下的混沌。他们创造了各式天堂。

一如希波达摩斯，他们也修正了上帝的作品。诚然，我们要肯定造物主的成就。他有不少点子，比如水、天空、狮子和甲虫，但是他飞快地创造出这一切后便休息了，对他创造出的东西漠不关心。可他的杰作，这座花园般的天堂还没有走上正轨。它随着人类迈出错误的第一步变得支离破碎。

乌托邦主义者前赴后继，纠正神明留下的混沌。他们创造了各式天堂。可以确信的是，这些天堂并非以幻想博人眼球。在这些完美城市中，既没有穆斯林天堂中的处女，也没有基督教天堂中的蛇；既没有恶魔，也没有上帝。它们并不承诺摆脱坏事、疾病和死亡。它们专注于打造建筑、法律和契约，并给予居民以秩序、平等、法制、繁荣与和平。没有天才出现的时候，理性可以管理乌托邦。

希波达摩斯有无数门徒。他们摩拳擦掌，跃跃欲试。他们建造的城市有时很美，但总是不能长久。一年或十年的幸福时光后，历史的回潮又会拍打完美城市，将乌托邦主义者的美梦击得粉碎。

大洋国

受现实启发的乌托邦
欧洲·北纬 45 度 26 分，东经 12 度 19 分

詹姆士·哈林顿是一位生活在 17 世纪的英国人，是继柏拉图之后众多致力于打造完美城邦、人间天堂、美丽城市和无限幸福的乌托邦主义者中的一员。

哈林顿直言自己心中的乌托邦——大洋国——的灵感来自现实中的城市威尼斯。他的选择十分合理。建于公元 528 年的威尼斯在 1192 年就拥有了宪法：最上层是威尼斯总督，他要当着威尼斯大议会[1]成员的面宣誓效忠宪法，城市由 3 个不变的社会阶层组成，一如柏拉图的理想国：贵族、卫戍者和民众。这一机制跨越了中世纪、文艺复兴和启蒙运动，在此期间运行良好，从未失灵，直到相信历史但不相信乌托邦的拿破仑在 1797 年为它画上了句号。同一套法律、同一套政府架构延续 6 个世纪，堪称世界之最。只有延续至今的梵蒂冈能在这方面超越它……

威尼斯是一座海洋之城，建立在 118 座小岛上，周边的水域将它挡在了时间的旋涡之外。这座城市让人感到不真切。一条神秘的边界将它与其他城市相隔。它仿佛一个意象，一个幻象：在海的街道上，贡多拉梦幻般地划过，海盐反射出银光，共同构建了一个精神世界。水中映出的宫殿影影绰绰。海上的风暴会将水中的倒影打破，而当海面归于平静，倒影又会浮现。这是天边的城市，也是镜中的城市。

> 乌托邦主义者不会想方设法逃避死亡，但至少会尝试减少时间的侵袭和历史的危害。

一如亚特兰蒂斯，这座海洋之城也修正了自然作品的不足。在城市的边界上，自然的痕迹减弱，人工设施取而代之。桥梁和堤岸构成的天堂寓城市于其中。城市中尽是人工设施，有无数的阀门、

---

[1] 威尼斯大议会（Maggior Consiglio）是威尼斯共和国于 1172 年至 1797 年间设置的政治机构，拥有立法权和选举十人团的权力。该委员会最初拥有 35 人，后人数逐渐增加，至 16 世纪达到 2000 余人。威尼斯大议会经过复杂的选举过程产生的"四十人议会"是最终直接参与威尼斯总督提名的机构。

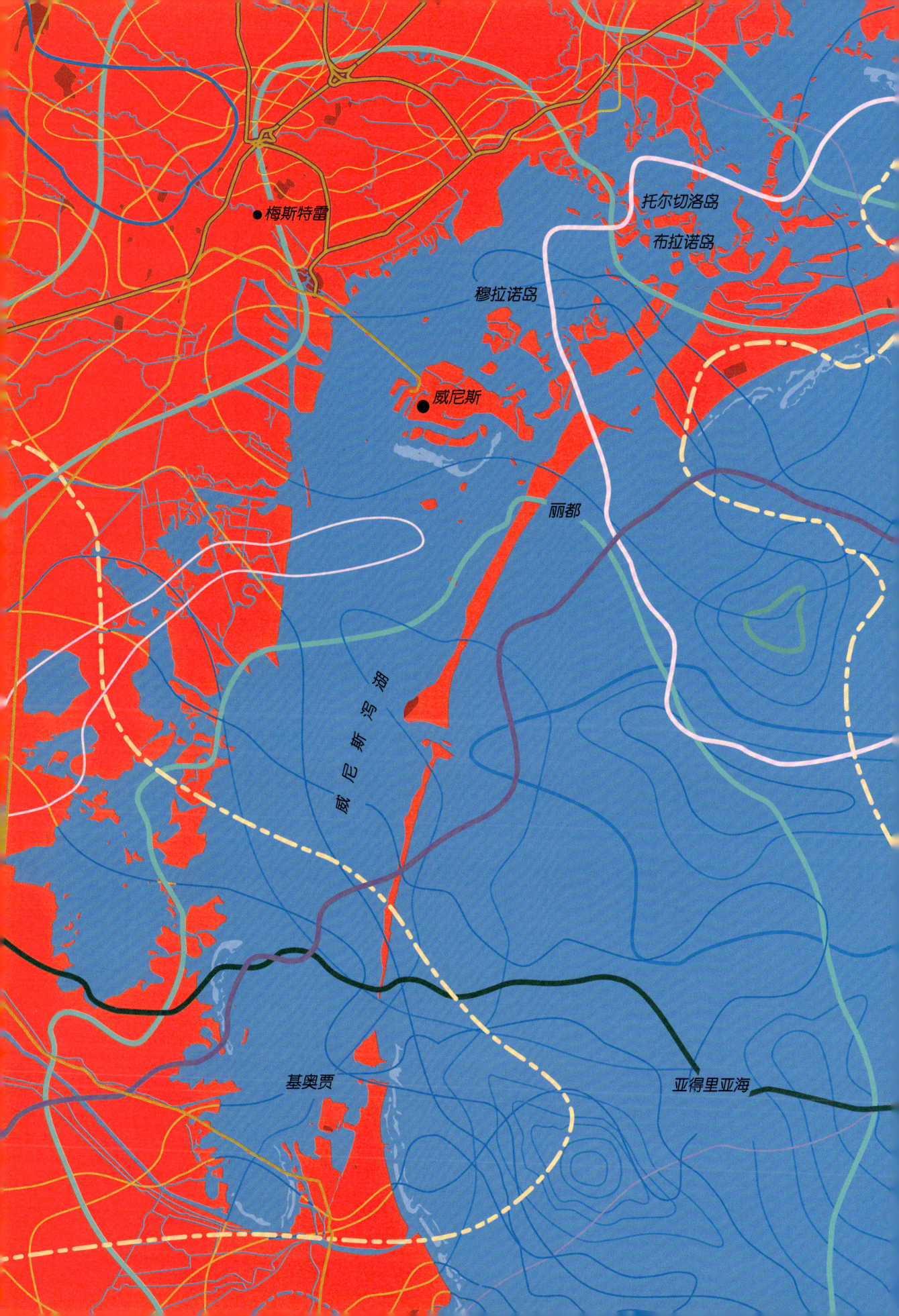

船闸、齿轮、滑轮、栈道和螺栓，桥上有齿轮，齿轮上又有轮齿。人们改造了丘陵的面貌，建设了海岸线，重塑了透视视廊，改变了远景的色彩。威尼斯人将造物主敷衍的草图转化为井井有条的实景。他们让自然地理臣服于数学家和匠人的严谨。他们用实际行动将城市变成了一座小天堂，尽管它不如《创世记》中的天堂那般恢宏，但它更为理性、更富技术，也少了清规戒律。

威尼斯人也明白他们的城市是一件杰作。他们不遗余力地管控入境人员。和其他所有乌托邦和天堂一样，威尼斯对外来移民十分敏感。为了将幸福传承给子孙后世，它将所有外来者挡在边境之外。于是，威尼斯的移民数量几乎为零。进入威尼斯可不容易。威尼斯总督府冰冷的监狱就是用来关押擅闯者的。谨慎和囚室帮助尊贵的威尼斯共和国跨越了中世纪的动荡、文艺复兴的混乱和进入现代以来的历次革命，既不修改自身规章，也不屈尊相迎。这座壮丽的城市中的一切都不会改变。1192年的宪法预见到代际更迭过程中，后一代会完全照搬前一代的模式，既不会进步也不会退步。没有人能超脱他所属的社会阶层向上流动。

当然，规则也有被打破的时候：没有哪个天堂是完美的，就连伊甸园也让时光钻了空子。但总督们至少曾努力阻挡时间的车轮向前，曾努力调和动与静、时光的存在与缺位。总督们遵循着水和风的训诫。大海涌动：它时而造出海浪和风暴，时而归于平静，但自身从未改变。威尼斯亦如是：尊贵的共和国被历史的风暴摇动，但仍延续了下来。

威尼斯是不是用了炫目的障眼法或一块画布，遮挡了它作为海上兵工厂的现实，遮挡了轰炸、兵役和1571年10月7日勒班陀战役中英勇的水军？是不是在城中富商的支持下，威尼斯才毫发无伤地穿越数个世纪的混乱和战争？

威尼斯的独特性解释了它与城中艺术家的关系。威尼斯有自己的艺术史,与欧洲艺术史不同。它并不关心"现代性",对一系列"画派"嗤之以鼻。若是古老的马赛克拼贴画剥落,威尼斯的相关官员会密切跟踪修复工作,以达到完美如初。一天,提香提议翻新圣马可大教堂的马赛克拼贴画。官员们讨论后在1566年做出决定:我们不会听取天才人物提香的建议,我们更倾向完全复制这件古代杰作。在威尼斯,时光的流逝和事物的发展不会被视为好现象。16世纪末,一场大火烧毁了总督府。帕拉底欧提议在原址上重建一座新宫。但这个意见遭到否决:人们要深入发掘威尼斯晦涩的古旧档案,查阅原始资料,严格遵循最初的设计细节。

这座光影和海洋交织成的奢华剧场中,哪些是真实的,哪些又是幻象呢?威尼斯是一座精美绝伦的歌剧院中的幕景,一连串的岛屿和穿梭自如的贡多拉是它的舞台。在历史中,威尼斯的水军、士兵和商人披荆斩棘,在如镜的海面上建立了这座乌托邦,威尼斯的天堂隐藏在哪个神秘的地方?总督抛向历史的一张大网能否按他们的意志左右历史?吸引了涂脂抹粉、穿金戴银的女人们出席的狂欢节,又能否逆转生老病死?

> 在历史中,威尼斯的水军、士兵和商人披荆斩棘,在如镜的海面上建立了这座乌托邦,威尼斯的天堂隐藏在哪个神秘的地方?

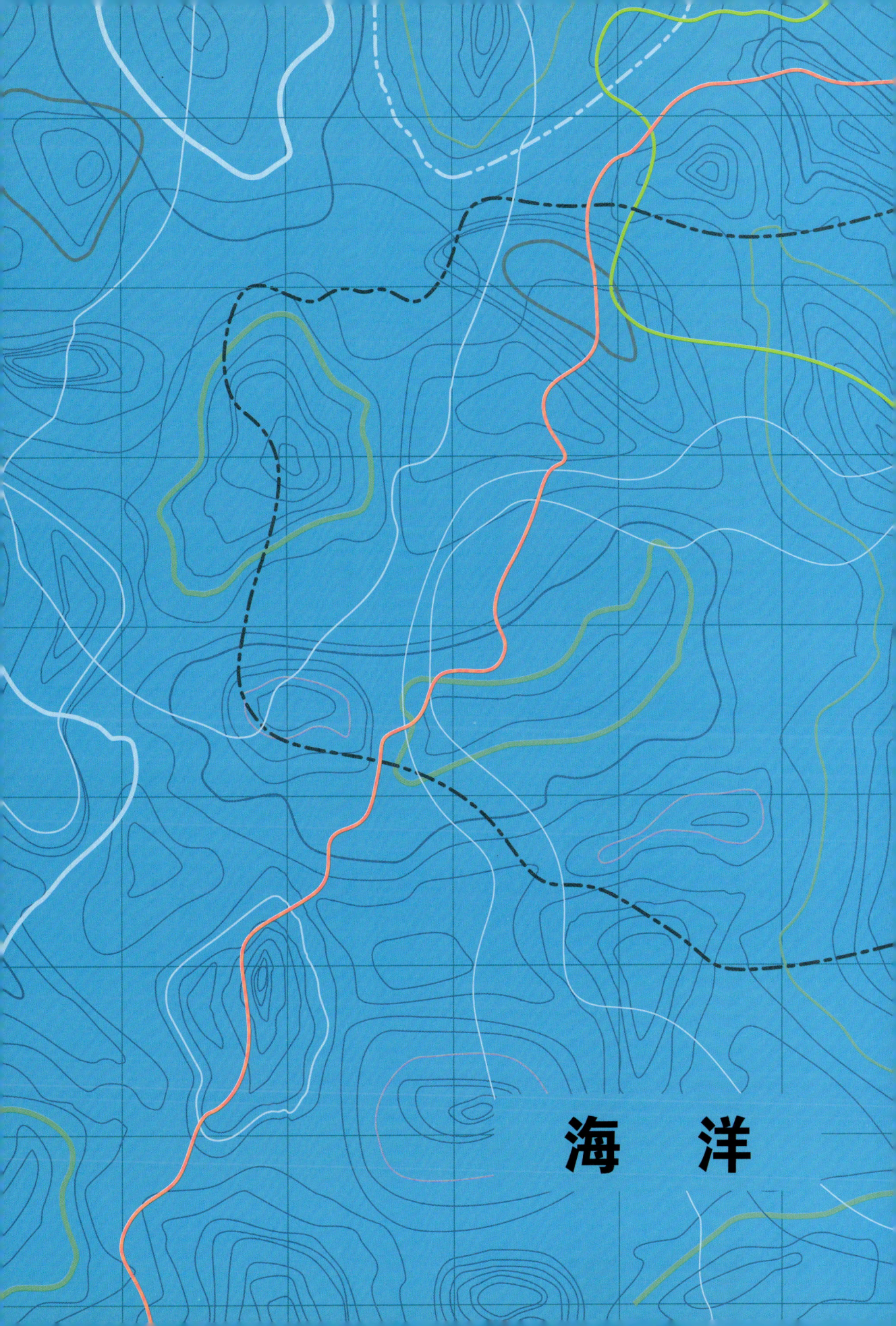

女人岛

逃避的艺术
亚洲·北纬 12 度 31 分，东经 53 度 55 分

自世界诞生伊始，岛屿就在运动。它们在海面上往复隐现。它们出现在清晨的阳光或薄雾中，消失在夜色下。它们的脾气飘忽不定。古代的海员能够测算纬度，却无法确定经度。因此他们始终无法确定自己的位置。他们在摸索中航行，遇到岛屿便将它标记在世界地图上，有时一块礁石会被重复发现四五次。在不同的地图上，同一座岛屿也有着不同的名字。有时同一座岛屿在不同地图上的位置可能相差数百海里。直到 18 世纪航海钟的精度提高，船舶才知道它们航行了多远。从那时起，航行的诗意大减。今日全球卫星定位系统的打击更甚，所幸海员们对航线的固执坚持让船舶仍有机会与岛屿相遇。这些出现在赤道湿热空气中的岛屿指引着人间天堂的航向。岛上有不计其数的鲜花、水果、鱼和蜂鸟。在海天一色的蔚蓝中，沙滩闪耀着银光。它们空旷甚至空无，从不会成为关注的焦点。天地之间，它们只与地平线上的星辰和圆日熟识。总之，它们同其他众多天堂一样，拥有极致精细同时无限广博的景致。它们让航海家垂涎。岛屿远离尘嚣，有海洋阻隔，岛上独特的环境可以为登岛的海员提供一方净土，没有城市中的制约、束缚、规则、教理、警察和道德观念。在岛上，教士的蠢话和君王的恶行都不作数。所有陆地上的法则在这里都失去了效力，首当其冲的就是水手们痛恨的性道德。这解释了为什么古代世界地图上有很多居民以女性为主的岛屿。

女人岛大多位于南半球，这是因为北半球的社会规则会在跨过赤道的一瞬发生反转。古人深谙其道：即便是最大的恶在南半球也未曾成立。基于这条奇怪的规则，早期抵达巴西的葡萄牙海员和士兵尽享艳福。他们发现海滩上和丛林间的女人们赤身裸体，于是将她们抓起来行男女之欢，所有人都很高兴。作为德高望重的神学人士，累西腓的统治者拿骚的莫里斯的神学顾问卡斯帕·凡·巴莱乌斯也肯定了这一特权，他曾说："赤道以南没有罪恶。"所有巴西人，甚至根本不懂拉丁文的人，事无大小，都会引用这句格言。

12 世纪时，马可·波罗在埃塞俄比亚海域标记了一处只有女性居民的海岛。它在地图上的位置不太准确，但从莫克兰经印度向南航行即可到达。美洲也有女人岛。约翰·曼德维尔在他的著作《曼德维尔游记》中提到了一处非常辽阔的女人岛。要抵达那里非常简单，只需"跨过迦勒底地区，从亚马逊登陆"。然后我们就抵达了女性王国，那里尽是割掉乳房的亚马逊女战士。可惜曼德维尔去世两个世纪后，巴西才被发现。

1439年，人们在印度洋索科特拉岛附近又发现了一座女人岛。1493年，克里斯托弗·哥伦布在离开加勒比海后也曾寻找女性天堂。他让印第安人带路。但因路线测算失误，他们错过了天堂。

除了亚马逊女战士的国度有自己的规矩，女人岛都很相似。这些地方形成了封闭的女性社会，但她们也会允许男人们在她们的王国中停留几日或几周。这正合欧洲海员的意，毕竟他们也只是短暂靠岸。他们可以带薪玩乐，随时离开。

上帝在各处布设的天堂也有一个共同的不足之处：它们都不容易被找到。指引人们前往它们的路线是不明确、复杂，甚至彼此矛盾的。有时让人感觉这些岛屿就像岛上的女人：深谙躲藏之道，也因此魅力十足。那些最终没有找到天堂的水手垂头丧气，只好在脑海深处默默埋下关于这些人造小天堂的念想。

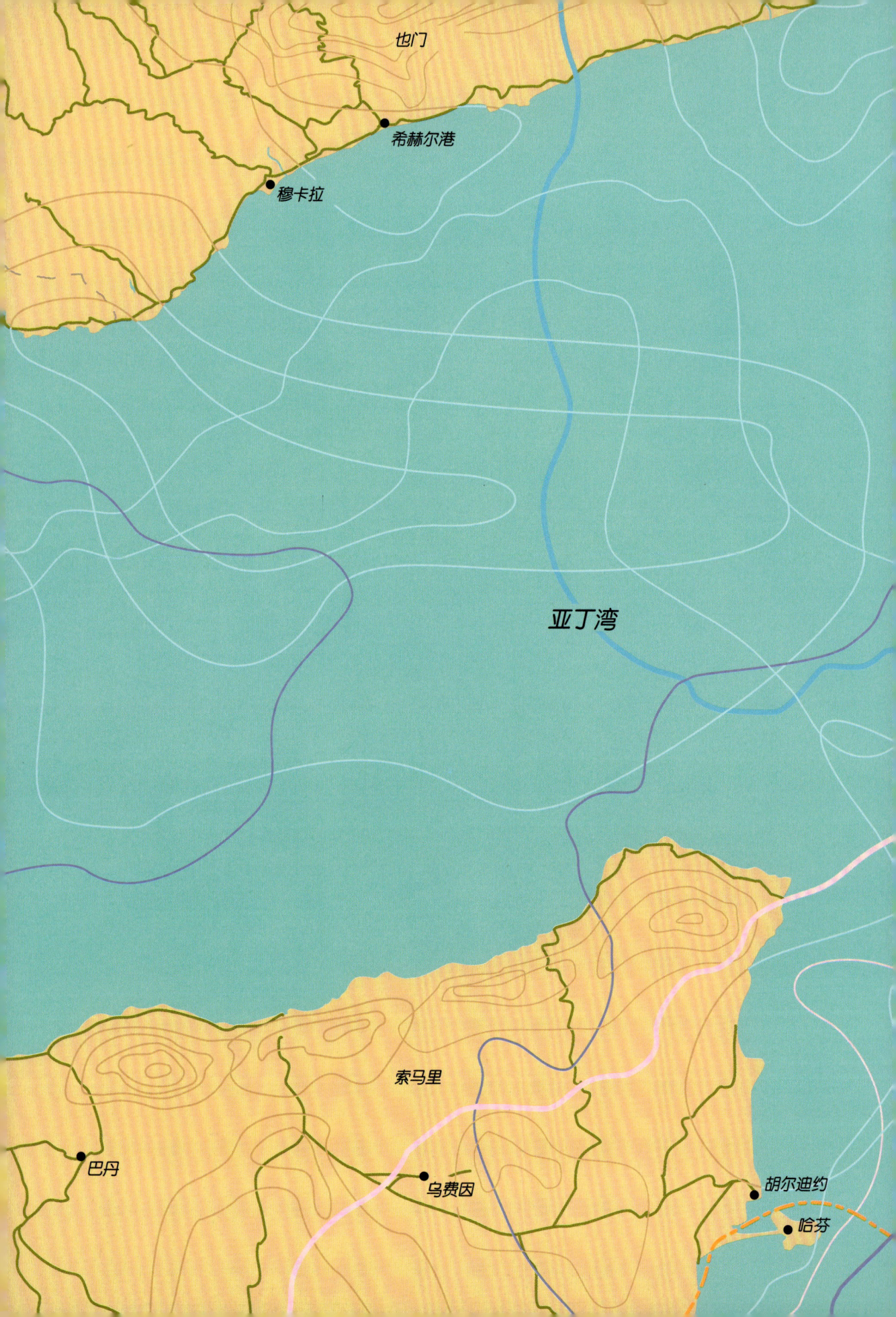

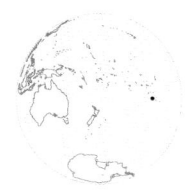

皮特凯恩岛

邦蒂号的叛乱者
大洋洲·南纬25度00分，西经130度00分

1789年4月，英国的邦蒂号停泊在塔希提。船上的货仓装满了要运往牙买加的面包树，但这批货无法按时运抵了，因为船上发生了叛乱。大副弗来彻·克里斯蒂安夺取了船只的控制权，将船长威廉·布莱塞进8米长的舢板中并祝他"一路顺风"！接着大副让舢板升帆入海。由此发动了史上最为著名的海上叛乱。好莱坞将这一事件翻拍成电影大片，由加里·库伯、克拉克·盖博和马龙·白兰度出演。

疯狂的船员们有两个想法：摆脱当时船上非人规矩的束缚，找一处秘密地点，建立与此前所有人类社会形态都不同的新秩序。几年前，布干维尔曾与太平洋岛屿上的天堂擦肩而过。而继承他衣钵的弗来彻·克里斯蒂安有更大的野心。因为"美丽的荒野"也"不理想"，克里斯蒂安和他的船员们要找一座未被玷污的海岛登陆，并在那里建立一个新西岱岛[1]。此后长久的平静让人们以为弗来彻·克里斯蒂安的叛乱已经翻页。在无垠大海的保卫下，小岛上建立起一个前所未有的社会，幸福且平等，在这远离历史恶臭之地独自繁荣，而与此同时，欧洲已卷入法国大革命和拿破仑军队的血雨腥风之中。

诗人们长久追寻的新西岱岛终于由梦想照进现实。这个天堂运行良好。它隐秘且难以被发现，因而没有沾染人类社会的污秽。

> 我在那里待了大约十天或十二天之后，我意识到，由于没有本子、笔和墨水，我会失去对时间的感知，甚至无法分清工作日和休息日。
>
> ——鲁滨逊·克鲁索

当然，重回伊甸园也是有代价的。弗来彻·克里斯蒂安的代价是犯下最恶的恶行，但当他拒绝服从船长的命令，拒绝向历史、民族和传统妥协时，他不曾有过丝毫犹豫。这有什么可惊讶的呢？为了重新开启乐园的大门，人

---

1 西岱岛是希腊的小岛，位于爱琴海，传说维纳斯从海中出生后由该岛上岸。文中的新西岱岛指塔希提岛。

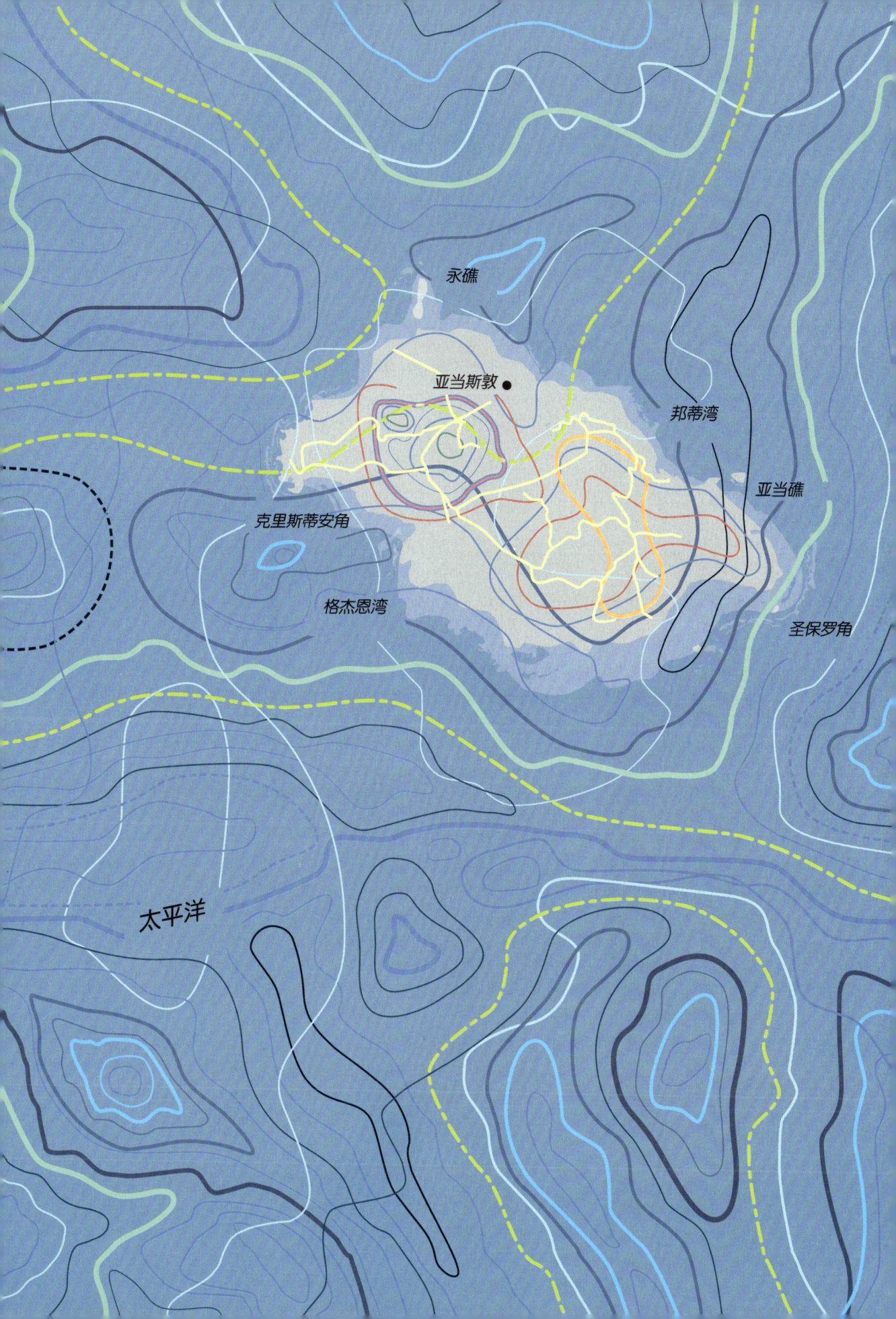

们必须犯下最大的大不敬——海上叛乱。只有这样，海员们才能在他们神往的塔希提卸下文明的枷锁。

1818年，一位美国船长偶然间发现了皮特凯恩岛，这儿有一处无人知晓的小型英国殖民地。最后一名在世的邦蒂号船员约翰·亚当斯化名亚历山大·史密斯，与叛乱水手的后裔们一起生活在岛上。几年后的1825年，英国海军元帅组织了一次远征，远征的任务便是考察皮特凯恩岛和岛上诡异的殖民地。当时约翰·亚当斯仍然在世。元帅承诺他不需承担法律责任，于是亚当斯讲述了他能记起的事，并找出一本记载了邦蒂号叛乱发生后岛上生活的记录，让人把它们读了出来。这些记载让人目瞪口呆：人们本来期待关于幸福、爱情和自由的内容，却读到了关于地狱的记载。

在最初的1789年，当邦蒂号的叛乱者登上皮特凯恩岛时，一切都尽善尽美。小岛十分舒适，犹如人间仙境。岛上有充足的水源、森林和水果。邦蒂号的船员起初还小心提防塔希提人，后来都放松了下来。

他们划分了土地所有权。这是他们犯的第一个错误，因为上帝的土地属于所有人，不应分你我。对此，后世的巴枯宁也做过精辟论述。更糟的是，每个船员都分到了土地，黑人（塔希提人）却什么也没有分得。做人总要比魔鬼讲道理吧！船员认为黑人是奴隶——奴隶要土地有何用？

> 为了重新开启乐园的大门，人们必须犯下最大的大不敬——海上叛乱。

两年过去了。一天，亚当斯的妻子在悬崖上掏鸟蛋，结果坠崖身亡。亚当斯十分气愤。他要求再获得一位妻子，并强迫一位黑人把媳妇让给他。于是，黑人男性决定攻击白人，要取他们的性命。但黑人女性却找上敌人的门，她们唱起一首悲歌提醒白人："为什么黑人男性要磨斧子？是为了杀掉白人男性。"不必细说，白人们就明白了这是怎么回事，于是采取措施想让黑人恢复理智。但重归秩序并不容易。此后谋杀事件频发。有一位黑人被他的侄子打死，还有一位黑人被他的好友和妻子轮番殴打。我们知道混乱发生的原因：人们贪图天堂享乐。当人们发现一处天堂并成功入驻，他们会犯下恶行。一天早晨，邦蒂号叛乱者的头目弗来彻·克里斯蒂安正在自家小花园中挖山药，四个男人闯进来将他杀害。失去白人配偶的寡妇们联手反击这些杀害她们丈夫的黑人，但没有成功。愤怒的黑人妇女们将五名被杀白人男性的头骨藏了起来。白人们想要拿回同伴的头骨，让他们入土为安。黑人妇女们被激怒了。她们策划了一场谋反，要将白人们杀死在睡梦中。恶，来势汹汹。

幸存者中有一位叫麦考伊的苏格兰人。他制作了一套蒸馏设备用来酿酒。他酷爱饮酒，可能也因此患有"酒毒性谵妄"。一天他爬上一块很高的岩石，计划从上面飞下来，结果摔死了。他死后，邦蒂号只剩下两名幸存者，亚当斯和永。两人都很虔诚，早晚祷告。但永患有严重的哮喘，后来也死了。于是，只剩下亚当斯和当年叛乱船员的后代。天堂无须重新关上它的大门，毕竟这扇门从未开启过。

> 一切都尽善尽美。小岛十分舒适，犹如人间仙境。

亚特兰蒂斯

最雄伟的天堂
欧洲·北纬28度06分，西经15度24分

坐井观天会蒙蔽双眼，在我们看来，大海自由之处，绝不止于我们脚下的方寸之间。

——圣-琼·佩斯

亚特兰蒂斯壮丽辉煌。在所有已知的天堂中，它是最雄伟的。它位于赫拉克勒斯之柱之外的大洋之上。这片海浪拍打的土地尽受自然的眷顾。它的草原上有大象、松鼠，以及上帝创造的各种走兽。田野中稻香四溢。用白、红、黑色石料建造的城市别具质朴的美感。

亚特兰蒂斯由五个同心圆构成，环形的地块之间充盈着海水。亚特兰蒂斯得名于它的管理者，泰坦族的阿特拉斯，阿特拉斯是波塞冬的儿子，育有几个女儿，她们负责看管赫斯珀里得斯姊妹果园中的金苹果。

亚特兰蒂斯中央矗立着象牙和合金打造的波塞冬神庙。波塞冬是海神，乘坐金鬃骏马拉的马车。一通石碑上刻着亚特兰蒂斯的法律。祭祀时，祭司会在石碑前将经过祝圣的公牛割喉。海天之间，这座巨型迷宫黄金遍地，水平高超的工程师创造了令人眼花缭乱的各种杰作，有桥梁、船闸、地下蓄水池、运河、塔楼、立体交通设施、隧道和港口。

运河上往来有巨大的船只，因为亚特兰蒂斯人从事海上贸易活动。在如丝的暮色中，年轻人身着宽大的轻薄绢纱或点缀了碧玺和蛋白石的绸缎衣物，翩翩起舞。众神用我们许久未闻的山铜[1]装点天堂，这种金属宝贵似黄金，炽红如火焰。哪个凡人不想得到哪怕只是一点点山铜呢？哪个未婚妻不想要几克拉山铜呢？

> 亚特兰蒂斯壮丽辉煌。在所有已知的天堂中，它是最雄伟的。

---

[1] 山铜是古希腊传说中的一种名贵金属。

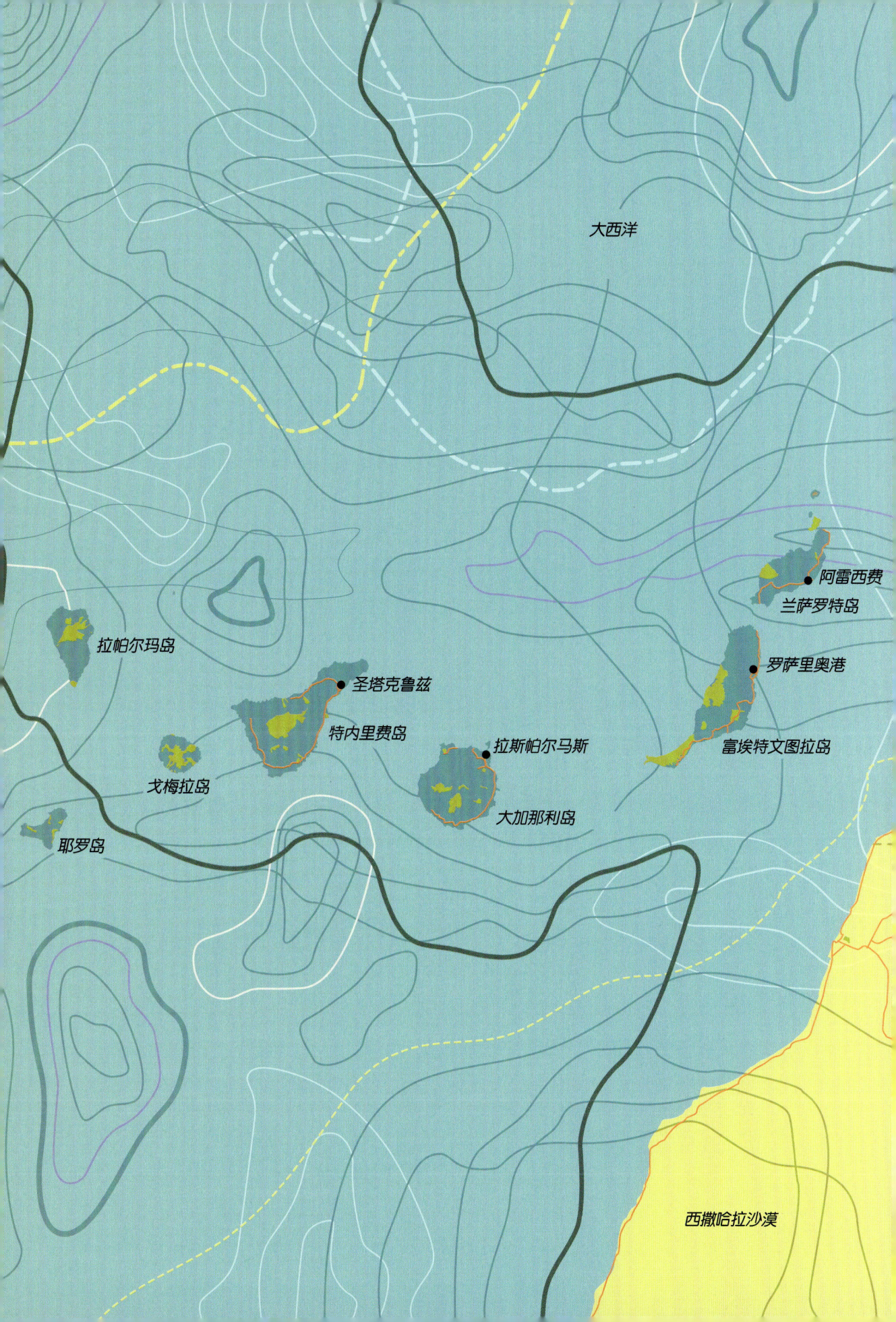

人们想到这奢华的国度走一遭,可是怎样才能抵达呢?柏拉图也没有亲眼见过亚特兰蒂斯[1],但这并不妨碍后人称颂他的功绩,毕竟能发现一片其他人发现不了的土地,这只有天才做得到。此外,柏拉图未能见到亚特兰蒂斯也是有原因的:它在一万三千年前就已经沉入海底,而柏拉图向世人公开它的秘密,是九千年后的事了。

柏拉图在书中标记了信息的来源。很久以前,埃及祭司们就对另一位古希腊哲学家梭伦提到过亚特兰蒂斯。此后,这一消息在哲学家之间口耳相传,直到柏拉图将它辑录下来。

> 不幸之日,悲伤之日!
> 巨大的岛屿沉入海底。

与其他众多天堂相比,亚特兰蒂斯没有坚持下来,而是消亡了。柏拉图记述了它的毁灭。它的繁盛兴旺和众多奇观、宝石汇成的河流、美丽的女人和纵情享乐的人们,所有这一切引发了嫉妒。当时,希腊众神已是一片混乱。宙斯并不喜欢兄长波塞冬,同时担心亚特兰蒂斯人会被辉煌冲昏头脑,忘记智慧和谦卑。于是,宙斯用罕见的粗暴方式终结了它的辉煌。一夜间,大地震让亚特兰蒂斯沉没海底。由于宙斯冲动易怒,他还在地震之后降下四场暴雨。

不幸之日,悲伤之日!巨大的岛屿沉入海底。但悲伤与亚特兰蒂斯的气质不符。在柏拉图死后,亚特兰蒂斯沉寂了几个世纪,随后它走出深渊,名号长存于世。它沉没后,反而更加活跃。它没有在蔚蓝的海洋中陷入死寂,反而在人们的心头浮现涌动。它四处飘荡,在日出和日落之间,在南方和北方之间。

我们可以在地图上找到加那利群岛。它由七座小岛组成,而七恰好是个神圣的数字。它

---
[1] 亚特兰蒂斯最早见于柏拉图的著作《对话录》。

在古代赫赫有名,因为赫斯珀里得斯姊妹的果园就在岛上。赫拉克勒斯也知道这座果园,他还从园中的苹果树上摘得了金苹果,完成了他的第十一项伟业[1]。但此后守护果园的赫斯珀里得斯姊妹的情况,我们就不得而知了。我们不知道她们去了哪里。直到1402年,诺曼底海员让·德贝当古发现她们化作了加那利群岛。他在岛上受到了关契斯人部落的款待,显然他们就是亚特兰蒂斯人。

19世纪的博物学家乔治·居维叶指出,天堑博斯普鲁斯海峡是由九千年前的亚欧大陆断裂形成的,当时引发了大洪水。亚特兰蒂斯那时已沉入水中。这场地壳运动也造就了直布罗陀海峡,不远处的阿特拉斯山就是以亚

> 它的繁盛兴旺和众多奇观、宝石汇成的河流、美丽的女人和纵情享乐的人们,所有这一切引发了嫉妒。

特兰蒂斯第一任国王的名字命名的。最近,人们又发现亚特兰蒂斯可能在暴雨洪水中穿越大洋,最终沉没在里约热内卢,这里有一块形似亚特兰蒂斯人的礁石——加华奥礁,上面还刻有腓尼基文字。

一些研究《圣经》的专家表示,曾有一些亚特兰蒂斯人潜入耶利哥,这触怒了上帝,并导致了《圣经》中记载的一系列灾难。布拉格金街上开店的炼金术师们则声称,所谓亚特兰蒂斯人大量享有的如火般的山铜,与自己釜中冶炼的金矿石是同一种东西。

---

1 根据预言,如果赫拉克勒斯成功完成欧律斯透斯交给他的十二项任务,他的罪将被清除并获得不朽的名声。

海盗岛

躲避天堂的烦扰
南美洲·北纬 17 度 56 分，西经 76 度 50 分

海盗是一群不开心的人。他们不明白为什么自己还未踏入天堂的大门就被驱逐在外。他们从一出生就被冠以恶名，就已犯下最骇人听闻的罪孽，就已受到惩罚。这让他们感到愤怒。他们提出异议。神父和教皇试图让他们冷静下来，并建议他们静待几百万年，等到第二个天堂建立起来，一切重归秩序。但是海盗的性格不安分。他们贪婪地想要立马享受天堂。

他们告别父母，告别萨塞克斯或诺曼底的村庄，驶入风浪。他们攻取一艘皇家船舶，然后驾着它驶向伊甸园。这座伊甸园在世纪更替中不断变换位置，但始终坐落在赤道附近的热带地区，比如17世纪的加勒比海（托尔蒂岛、法属圣多明戈、牙买加、海地等），以及18世纪的印度洋和马达加斯加沿岸。这些广阔的蓝色海域腹地隐藏着一些岛屿，岛上盛满了天堂的各种原料：香蕉、红薯、木薯、野猪、兔子、五彩斑斓的鸟、阳光、女人、懒惰和充盈的自由。

> 海盗彼此之间定下的契约是，不可侵吞或藏匿任何缴获的战利品。如果其中有人违背誓言，一经发现，他就会被孤立并被驱逐出海盗集体。海盗对彼此谦和宽厚，如果有人需要某样东西而另一个人恰好拥有它，他便会慷慨相予。
> ——亚历山大·奥利维尔·埃克斯梅林

旧世界的治安能力还未覆盖到这些偏远之地。在这里，没有士兵，也没有警察。自由是无尽的。文明创造的事物还没有在这里登陆。这儿没有法官，也没有监狱。没有界限之分，也没有个人财产一说。没有历史记录，也没有气象记录。甚至没有原罪。每一天清晨，世界都是全新的。没有祖先，没有子女，没有昨日，也没有明天。

在这里，在世界的边缘，白天和黑夜周而复始，海盗将随身装备卸在沙滩上，认为这就是天堂。

> 每一天清晨，世界都是全新的。没有祖先，没有子女，没有昨日，也没有明天。

不幸的是，这个天堂和永恒面临相同的问题：它会不断往复。来到这里一段时间后，日子开始变得漫长。新的天堂有多舒适、鲜活、有趣，旧的天堂就有多无聊。人们总是重复相同的话。伊甸园中的海盗们感到无聊焦躁。他们在椰子树下闲逛、吃野猪肉、与女人纵情欢畅，但很快他们就不知道除了玩弄乳房、吃烤肉和睡午觉，还能做些什么。他们做了上帝不久前做的事：他们咒骂自己，将自己逐出了天堂。他们重新来到海滩，重整旧船，开足马力驶向世界的边缘，招募魔鬼加入他们的队伍。

路易斯船长盘踞在当时最为邪恶的城市皇家港，他与恶魔为伍，做任何决定前都会询问巴力西卜、撒旦或骷髅王的意见。他喜欢见别人流血。他的舰船在海面上像狼似的游荡。为了向船员证明自己是黑暗的儿子，他向他们宣布了自己的死期。而他恰好不早不晚地死在这个时间。

福莱船长也不怎么样。有一次他抓到了国王的官员，这位官员哭哭啼啼地想要做祷告。福莱不耐烦地说："上帝会惩罚你的，因为你就会给他找麻烦，我们给你时间做祷告，现在我就是神父。"接着他胡乱说了一通祷词，取笑并杀害了这名囚犯。

蒂奇船长也是撒旦的帮凶。他和一些船员藏身于船的底舱，在夜色中发动奇袭，为的是让人们知道他杀人不需要原因。他依仗撒旦的势力。当有人问他把财宝藏在哪里时，他回答说："只有我和魔鬼知道。而魔鬼最终会得到全部财富。"

罗伯茨船长手下一个名叫萨顿的水手被送上了绞刑架，与他一同受刑的伙伴开始祈祷。

"你指望祈祷有什么用吗?"

"上天堂。"

"天堂?你疯了吗?你听说过哪个海盗能上天堂?我就想入地狱。在那里我们能过得比在天堂更舒坦,我到那里之后要打罗伯茨船长十三下作为问候。"

罗伯茨船长的另一位水手分享了他们的处世哲学:"我们嘲笑国王,嘲笑他的立法,也嘲笑他的宽恕。我们更不会惧怕绞刑架。如果我们被打败或被抓住,我们就点燃火药,然后一起快乐地到地狱生活。"

这就是海盗的宿命。他们要扬帆驶向应许之地,要在人间乐园中安营扎寨,最终却抵达了撒旦的地盘。"地狱或天堂,管它呢?"他们驶过四季,享受万物的美妙,没有荣耀、也没有幸福地死去。他们的骸骨归于沙土,他们的记忆归于虚无。

> 这就是海盗的宿命。他们要扬帆驶向应许之地,要在人间乐园中安营扎寨,最终却抵达了撒旦的地盘。

圣布伦丹岛

天堂曾是一头鲸鱼
欧洲·北纬28度06分，西经15度24分

圣布伦丹是很久以前的一位非常虔诚的爱尔兰僧侣。他十分渴望找到天堂，告假离开了修道院，并用兽皮造了一条船。他备好食物，又叫了几位僧侣同行，然后出发了！公元530年，他找到了一处天堂，随后返回爱尔兰。他还整理并出版了自己的调查报告。

这份报告大获成功，被"奉为圭臬"。自公元8世纪以来，大量关于圣布伦丹之旅的记述在欧洲流传。这些记述振奋人心，但并不翔实。一些记述将这处伊甸园定位在加那利群岛附近，另一些记述则指向爱尔兰西北方向780千米之外的冰雪之境，或许是美洲。

在13世纪，另一位名叫贝内迪克特的僧侣出版了《圣布伦丹院长航海记》，将各种说法统一了起来。一天，圣布伦丹的船停泊在一座小岛旁。僧侣们认为这片天边的土地就是天堂，因为海岛总是被幸福眷顾。僧侣们下船登岛。他们生起火准备做饭，而这时，小岛移动了。他们吓了一跳，扭作一团。僧侣们害怕极了。他们向留守在船上的圣布伦丹求救，喊道："啊！院长，我们的师父，等等我们，整片土地都在移动。"为这篇故事做注解的人因此认为天堂是一头鲸鱼。

一天，圣布伦丹的船停泊在一座小岛旁。僧侣们认为这片天边的土地就是天堂，因为海岛总是被幸福眷顾。僧侣们下船登岛。他们生起火准备做饭，而这时，小岛移动了。

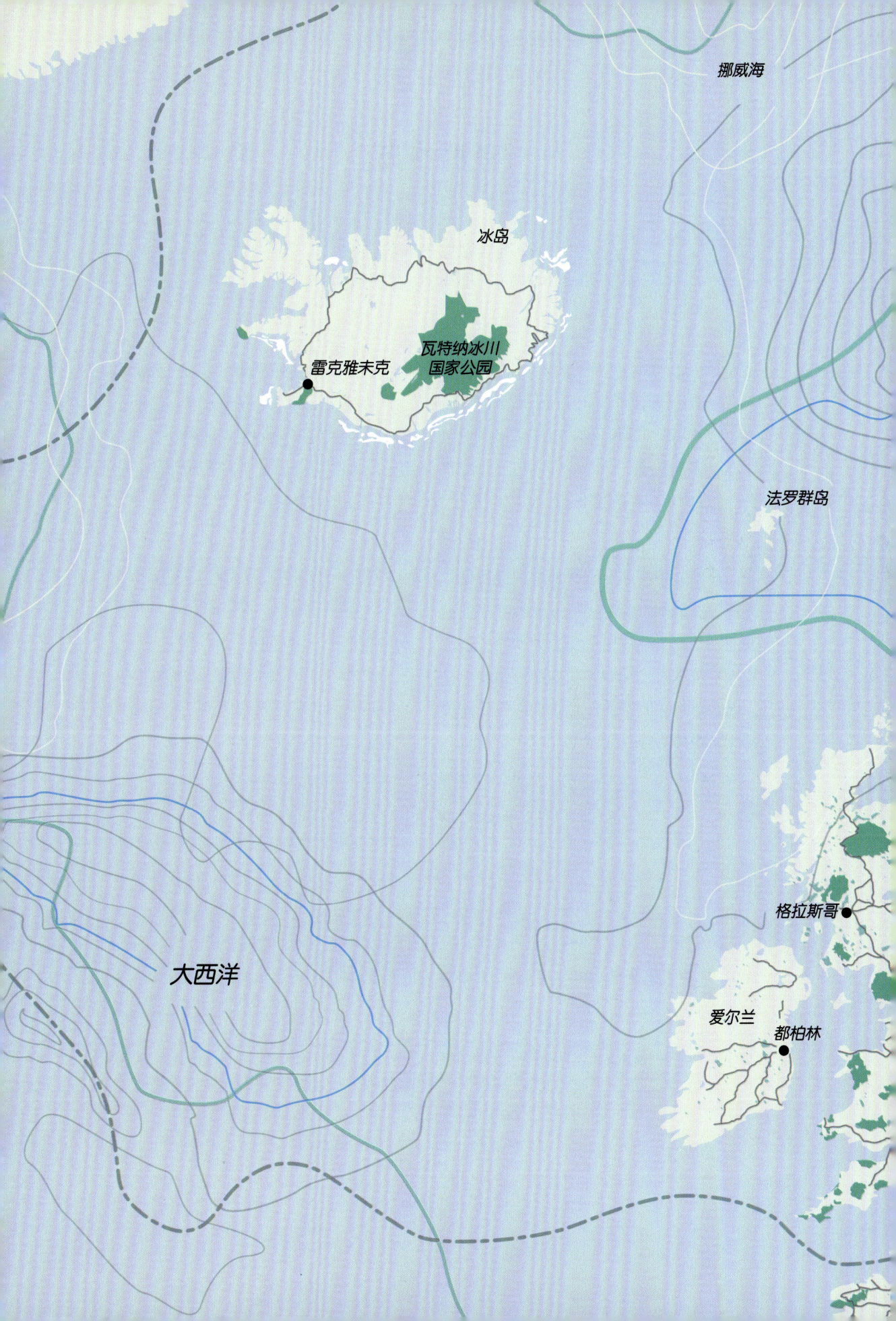

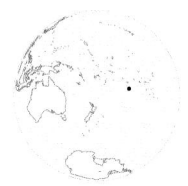

新西岱岛

没有罪孽和不幸的土地

大洋洲·南纬 17 度 40 分，西经 149 度 28 分

过去，欧洲人执着于寻找天堂。他们从南安普顿、南特、伦敦、拉罗谢尔或圣马洛装船出发，驶入暗礁群和风暴，有时甚至会葬身海底，但他们觉得为了寻找天堂一切都值得。顺利穿越暗礁和风暴的人，又将面对无边的湛蓝。在遥远的远方，操帆手发现一座小岛。他扬起风帆，向伙伴宣布了这个好消息，水手们欢呼雀跃。没有什么比小岛更像希望的天堂了，它远离尘嚣，难以被发现，因而没有沾染历史的污秽。

> 我们会倾向于去南方寻找希望，这样做不无道理。某种尘封的记忆驱使着我们，当我们看到南太平洋时便会心生愉悦。这片水域承载着第三纪的地质信息。世界之于人类有历史和史前史，它之于人类好比迷宫和出题的斯芬克斯。
>
> ——恩斯特·荣格

1766 年，一处天堂进入了人们的视野。法国人路易·安东尼·德·布干维尔发现了塔希提岛，此前几个月，不列颠水手沃利斯也曾抵达此地，不过后者没有意识到他已经到了天堂门口。布干维尔更有学识，他推开了天堂的大门。

"我觉得自己来到了伊甸园。"这里未受上帝泽被，但天气晴好，温度宜人，四季如春，风景秀丽，不知名的树木长势喜人。在热带地区，火山运动时常会将岛屿变成地狱的入口，但这座小岛的风貌没有被火山破坏。这里没有蛇也没有毒蝇。塔希提人，特别是女性塔希提人身材优雅高大；她们泳姿优美，而且有美丽的头发。他们的社会和谐：这里有严格的平等和无拘无束的自由，而且没有战争。

布干维尔回到欧洲后，将自己的见闻写进了《世界环游记》。该书很快大获成功。神奇的现象出现了：一群人被世界另一端的人们打上了让-雅克·卢梭笔下"高贵野蛮人"[1]的

---

[1] 指被理想化的土著人。

标签，但其实谁也没有见过这群人。布干维尔将这座巨大的岛屿命名为新西岱岛。

这是一个精挑细选的名字。启蒙运动时期，人们崇尚古希腊，自从让-安托万·华托在五十年前的1717年创作了《舟发西岱岛》，西岱岛这个名字就变得十分流行。过去，在古希腊神话中，西岱岛上有一座献给阿佛洛狄特的神庙，阿佛洛狄特是爱情女神，她从海上诞生。华托在画中描绘了西岱岛，在一片高大的森林边缘，矗立着阿佛洛狄特的雕像。天空蓝粉相间。一群衣着华丽的年轻人走向沙滩，但是华托没有告诉我们这些人是刚刚登上爱之岛，还是正要离开。画作蒙上了一层金色的忧伤。女人们的姿态暗示着她们正在离开，离开时没有再回头看一眼这片没有罪孽和不幸的土地。

画作中还有一处惊人的细节。与当时欧洲社会令人窒息的繁文缛节不同，华托画笔下的男人无须绞尽脑汁就能俘获女伴的芳心。姑娘们拥搂着他们，就像五十年后的布德斯号和埃托瓦勒号的水手也不需要通过跳舞来吸引新西岱岛上的美丽姑娘。他们的独木舟满载着女人和鲜花。

> 没有什么比小岛更像希望的天堂了，它远离尘嚣，难以被发现，因而没有沾染历史的污秽。

布干维尔的船组在新西岱岛岸边抛锚停泊。塔希提年轻姑娘的奇怪举止让船员们非常兴奋。这是天堂才会有的样子。性爱没有被禁止，不会被谴责，也不是可耻之事。它是温柔的、纯洁的。世界尽头的这群姑娘毫不在乎所谓罪孽，毕竟她们从未听说过这种说法，谢天谢地！她们喜欢寻欢作乐，认为这样棒极了，仅此而已。反观欧洲的女人，她们不仅扭捏做作，还贪图钱财，而新西岱岛的姑娘们毫无架子。她们享受做爱。她们不明白既然水手们为她们带来了身体的欢愉，为什么还要付给她们钱。

布干维尔发现的天堂和华托笔下的天堂一样脆弱。八天过后，幸福感渐渐淡去。这个没有仇恨、卑鄙行径、金钱和恶念的社会，开始显露它的丑陋一面。双方出现了冲突。原来高贵的野蛮人和卑劣的文明人一样，也会撒谎。他们干着偷鸡摸狗的勾当，甚至明抢。冲突造成了数人死亡。

欧洲人发现，这个没有暴力和压迫的社会原来也有战争，他们会杀死敌人，通常还会把他们吃掉。更令人沮丧的是：起初，年轻姑娘们会不带任何恶念地奉上肉体，但很快她们的身体就变成了一种商品和货币。新西岱岛上的姑娘们受到同伴的启发，纷纷开始索要报酬。她们找到了一种完美的货币：她们要求情人们付给她们钉子作为酬劳，这在当地是一种比金子还稀有的宝贝，因为当时的塔希提还不具备冶铁技术。

沃利斯船长曾在塔希提的天堂中待了数周，当他起锚离开时，却发现自己的船出了问题。船体解体成了小块，因为所有固定桅杆和舱口的钉子都付给了那些没有恶念和罪孽的年轻姑娘。

幸福崩塌了。皮肉交易让天堂的光芒瞬间熄灭。未经玷污的小岛进入了铁器时代，西方社会的祸害让它堕落了。当岛上出现供求关系、礼义廉耻、淫秽、贪污、嫉妒、腐败和银行时，新西岱岛就死了。一如《创世记》中的记述，女人的身体是不幸的原因。欢愉、欲望和无知被打上了耻辱的烙印。纯真时代结束了。世界诞生之初的那座天堂消失了，取而代之的是一个背负了罪孽、金钱和死亡的部族。

五月花号

纯洁之地的海角
北美洲·北纬41度57分,西经70度40分

1620年9月16日,一艘三桅帆船从英格兰普利茅斯扬帆起航。它搭载着百余名乘客。此时距离克里斯托弗·哥伦布发现新大陆已经过去了一个世纪,但那仍是一片未被污染的天地。这让船上的朝圣者充满斗志,他们的野心可不小:他们想要搬进天堂。

不得不承认,欧洲与天堂毫不沾边。这片大陆汇集了巫士、恶人、蛇蝎心肠、没有教养的人和不负责任的人。人们假借上帝之名搞分裂,残忍地将敌人分尸、囚禁、焚烧、折磨。国王、百姓和神职人员将这片上帝的土地变成了恶魔的土地。五月花号上的乘客们知道此行的原因:由于他们是清教徒,英国国王詹姆士一世会迁怒并迫害他们。

谢天谢地,这些朝圣者的船驶向的是一片净土,即坐落在欧洲西方,受到风和海洋庇护的美洲,那里没有受到罪孽、不忠、灾祸和腐化的污染。他们朝着伊甸园进发了!朝圣者们得以摆脱旧世界的卑鄙龌龊。自亚伯拉罕以来,人类一直寻找的迦南[1]就藏在那里。哥伦布没有弄错:年轻的美洲遍地是天堂。弗吉尼亚是一座天堂,马里兰是一处人间乐园,佐治亚是一个伊甸园。至于五月花号靠岸的马萨诸塞,则是"上帝要再造天地的地方"。这是一段全新的历史。

在英格兰,托马斯·科赫尔表示新英格兰是"现世终结的征兆……此后的一切发现都将印证《启示录》中记述的永生之境"。美洲就是用来迎接新亚当的一片原始花园。

> 世上可怕之事有二:秩序和无序。
>
> ——保罗·瓦勒里

消除了罪孽的新人类成为这里的统治者,远方的旧人类顺应天意地灭亡。"我们要知道,我们这里好比是山顶的城邦,"约翰·温斯罗普说道,"所有的眼睛都在看向我们。如果我们辜负了上帝的期望,如果上帝不再支持我们,

---

[1] 指应许之地。

我们将成为世界之耻，而且也将给我们的敌人提供背弃上帝的说辞。"远离可怖历史的马萨诸塞就是"应许之地"。它让亚当和亚当派人士得以东山再起。乔治·史坦纳曾说过："新英格兰不仅与应许之地十分相像，它也是洪水中的诺亚方舟。"因此，海上的波涛和船只的颠簸无法避免，不过亚伯拉罕的后代们对此颇有经验：向应许之地进发的过程中，他们不也曾在可怕的沙漠中行走，感受过悲伤和痛苦吗？

如今我们开始思考，五月花号上的朝圣者意图建造家园并重新打开人间天堂大门的时候，会不会把哪里弄错了。在那些"最初的朝圣者"所处的时代，就有一位名叫托马斯·莫顿的人提出过这个问题。约翰·温斯罗普的朋友们建立了亚当[1]的殖民地普利茅斯，而托马斯·莫顿则来自殖民地梅里蒙特。对于普利茅斯的亚当们来说，莫顿简直罪大恶极。莫顿也用自己的方式庆祝着新时代的开始：他组织了无数场狂欢，其间亚当夏娃们赤身裸体地赴会。

普利茅斯的伙伴们知道印第安人不是上帝的子民，因此不能成为新亚当中的一员，但莫顿却与这些土著人走得很近，这是他最大的罪孽。此外，他还打破了两个种族的界限，与印第安妇女做爱。但人们又不能把他当作"异教徒"丢进黑暗的地狱中，毕竟他是借上帝之名行事！他甚至还敢将自己与迦南人相提并论，而后者曾被犹太人逐出了他们的伊甸园。

莫顿喜欢性爱和节日、上帝和享乐、欢愉和自由。他的所作所为让我们想到在他一个世纪前，拉伯雷也曾反对托马斯·莫尔建立"干净卫生的天堂"乌托邦的畅想，自己设想了一座泰勒玛修道院，那里充满鲜花美酒、华盖和情欲，男男女女信奉这样一句格言："做自己想做的事。"

1　此处使用了指代的修辞手法，下同。

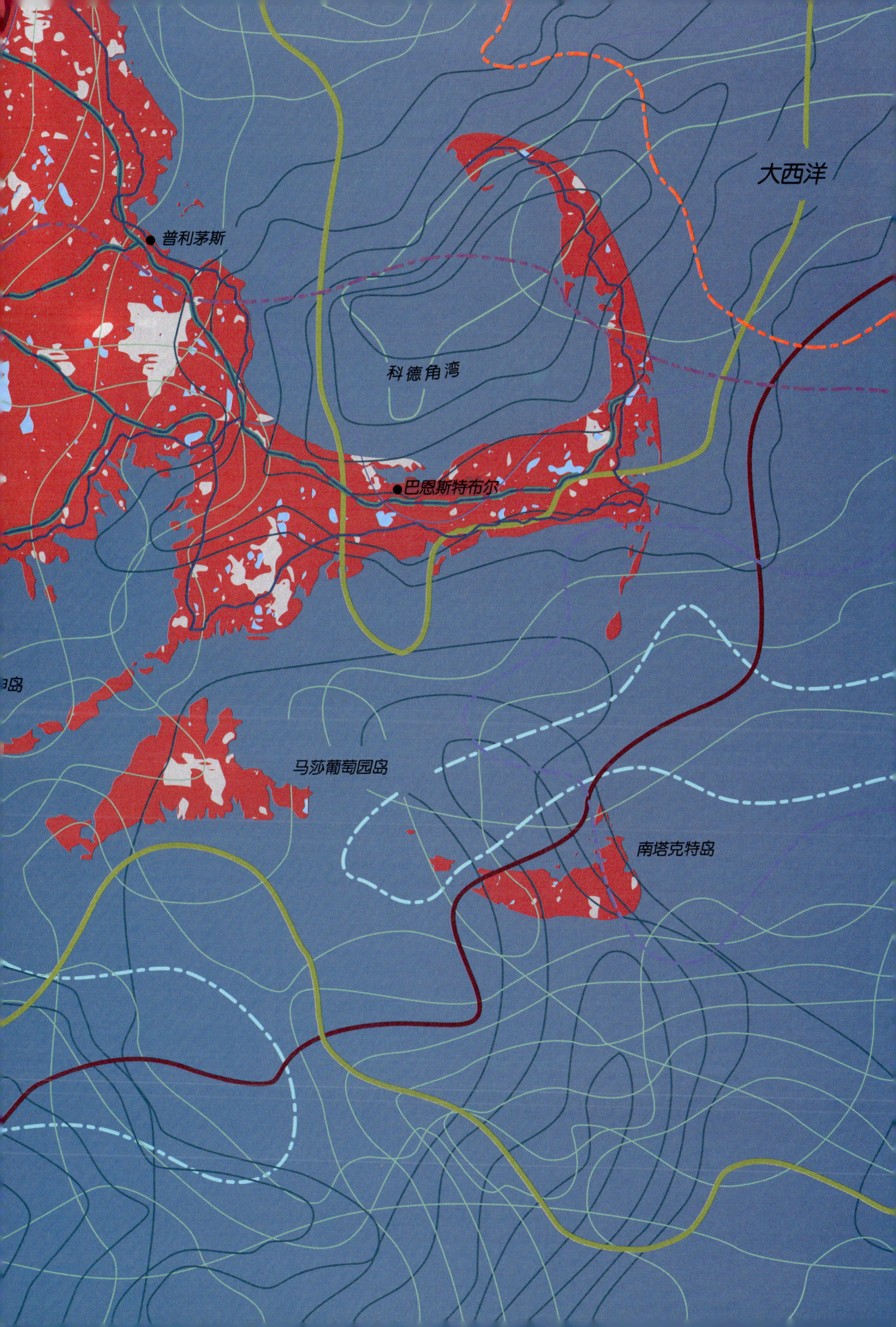

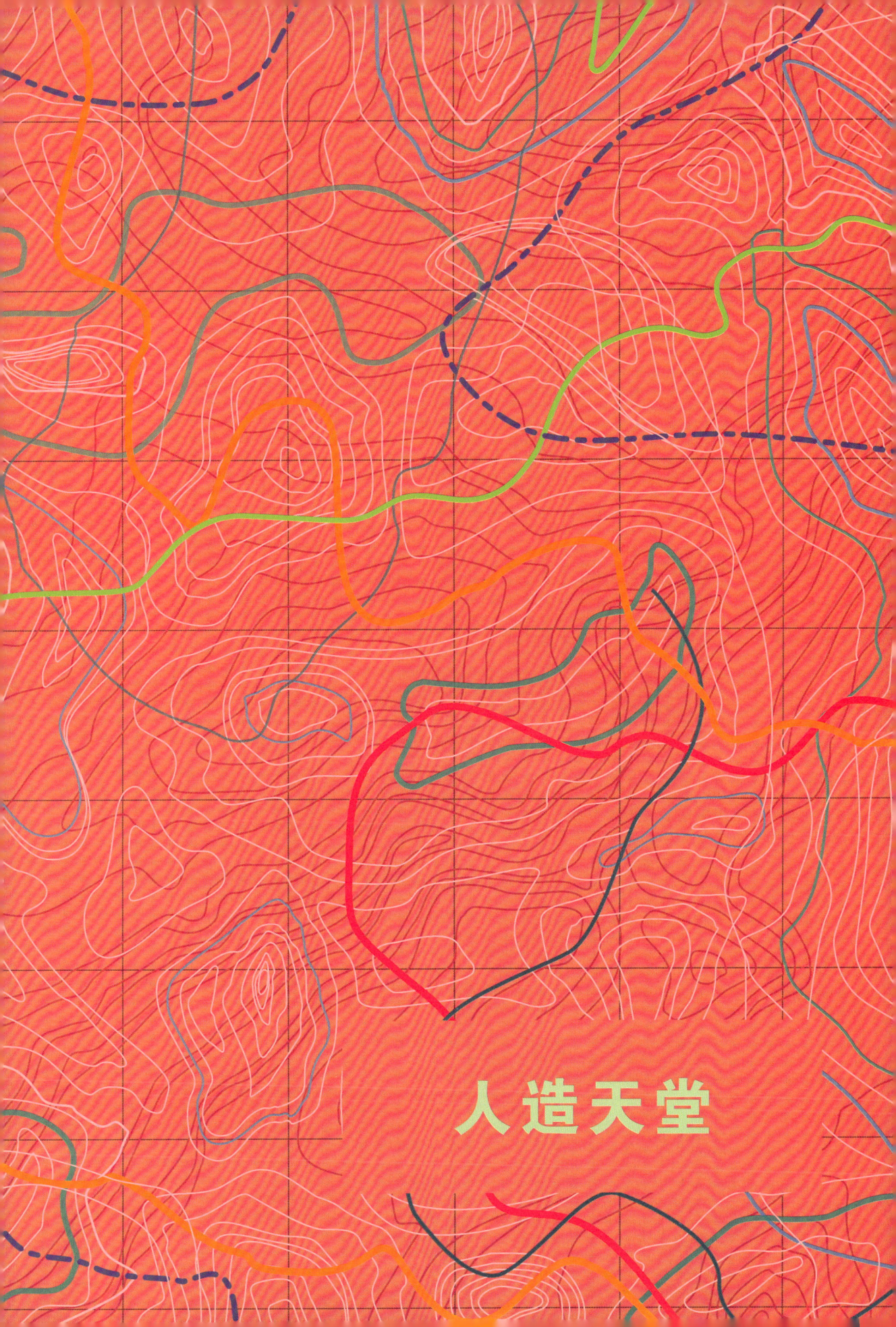

高天鹅堡

失落的儿时天堂
欧洲·北纬 47 度 33 分，东经 10 度 74 分

路德维希二世曾下令，在他死后拆毁所有生前建造的城堡，从另一个角度看，这样做仿佛是为了重新找回儿时失落的天堂。

巴伐利亚国王路德维希二世（1845—1886）在慕尼黑附近的高天鹅堡度过了童年。他称其为"儿时天堂"，而他始终无法从失去天堂的痛苦中走出来。

这个国王几乎没怎么治理国家。他更多地投身于城堡的建设，其中最美、最令人叹为观止的非新天鹅堡莫属，这座城堡掩映在天空和黑夜间，偏安一隅，骨子里透着浪漫主义色彩，神似天使，又充满悲情。华特·迪士尼在建造迪士尼乐园中的城堡时就参考了新天鹅堡的样式。路德维希二世被瓦格纳的作品打动，赠给后者一座剧院，并将自己比作剧中的圣杯守护者帕西法尔[1]。有人认为路德维希二世可能是同性恋，但他却为弗朗索瓦·约瑟夫一世的妻子、自己的表姑茜茜公主所倾倒，而他的订婚对象则是茜茜公主的妹妹苏菲。路德维希二世和苏菲的婚礼最终没能如期举办。而此后，他经常与茜茜公主在施塔恩贝格湖中的玫瑰岛上相会。

有时在夜里，城堡的窗户会发出亮光，那是路德维希二世在与中世纪的路易十四、崔斯坦和伊索德或苏丹共进奢华晚餐[2]。曾拥有天使般面庞的国王，如今变得肥胖臃肿。巴伐利亚政府宣布国王出现精神问题，并在 1886 年 6 月 12 日将他囚禁在伯格城堡。第二天，他在精神科医生伯纳德·冯·古登的陪同下去湖边散步。而后，人们在湖中发现了溺亡的二人。路德维希二世曾下令，在他死后拆毁所有生前建造的城堡，从另一个角度看，这样做仿佛是为了重新找回儿时失落的天堂。在城堡、湖水和鲜花簇拥的湖心岛间，他活过又死去，巴伐利亚人温柔地称路德维希二世为"悲情国王"。

---

1 《帕西法尔》是作曲家瓦格纳创作的一部歌剧，讲述了男主人公帕西法尔历经考验成为"纯全的骑士"的过程，该故事取材自中世纪的圣杯传说。
2 这些人物均不与路德维希二世生活在同一时代，甚至不是真实存在过的历史人物，此处作者在含蓄地表达路德维希二世出现了精神问题。崔斯坦和伊索德是中世纪文学作品中的人物，该作品讲述了骑士崔斯坦与爱尔兰公主伊索德之间不被允许却又至死不渝的悲剧爱情故事。

阿基坦的埃莉诺的宫廷

宫廷爱情的花园

欧洲·北纬46度34分，东经00度20分

中世纪最漂亮的花园只存在于手抄本和装饰插画中。著名的诗篇《玫瑰传奇》让我们得以一窥这些美丽花园中的喷泉和树林。两位作者合力完成了这部长篇叙事诗，并在诗中描述了"宫廷爱情"（amour courtois，加泰罗尼亚人在奥克语中将其写作 fin'amor）。纪尧姆·德·洛里斯于1220年开始创作《玫瑰传奇》，50年后，让·德·默恩接续创作。两位诗人文思泉涌，总共用了2万多行诗才讲完这个故事。

年轻的骑士在散步时路过一座花园，他被这里的景色惊呆了。"我想走进去／看看这人间天堂／这地方是如此地令人愉悦。"

但是，同所有的花园和天堂一样，这里也受到保护。一堵高墙将它围了起来。一座"充满魅力的大门"敞开着，诗人走了进去。他发现里面是一座巨大的方形果园，园中种有36种树木。他在这里见到了乖巧的野兽、花朵、鸟类和各色景物。园子中央的"松树下流淌着泉水"。这里还有镜子般的湖泊。千行诗过后，诗人在湖面的倒影中看到一朵玫瑰，"它的美足以盖过园中其他一切美景"。这朵玫瑰是一位女人。诗人将她采下，但她周围布满了小刺、荆棘和荨麻。邪念和厄运在她周围不怀好意地游荡，特别是象征着丈夫嫉妒心的"危险"。"这里的刺如此之多……想采下花苞是不可能的事。"骑士有些失落，"真是生不如死。"

中世纪晚期，一种表现女性如玫瑰般美丽又带刺的颂诗出现了。阿基坦的埃莉诺身边出身高贵的妇女们决意让女性摆脱凄惨的处境。

《圣经》、神父和教士不断重申夏娃是人类原罪和天堂崩溃的罪魁祸首。利欲熏心、狡诈、残忍和爱说谎的女性只是"造人机器"。教士建议丈夫们时不时地打一下妻子，"这会让她长记性。"埃莉诺和她美丽的朋友们不希望挨打。她们挺身而出。

女性的反抗温和、柔软，闪耀着光芒，但直击社会心脏。她们将目标瞄准了婚姻。丈夫们粗鄙多疑、缺乏教养，需要纠正过来。妻子是用人、仆役，常受到侮辱，需要夺回权力。女人要成为主宰，男人将成为她的附庸。

婚姻没有遭到废除，但是它的地位有所削弱。生育不再是爱情的终极目标，通奸也不再是可憎之事。妇女们有权利选择情人。"在夫妻之间，爱情无法发挥作用。"安德烈亚斯·卡佩拉努斯如是说，"在爱情中，一切的基础是相互的自由意志。然而，婚姻会伴生出责任和制约，这对爱情是致命的。"

接下来，我们来了解一下女人们都与情人做些什么。宫廷爱情不是自由性爱、放荡和荒淫。虽然它打破了婚姻的制约，但并没有让两性关系走向无序，而是引入了更多的规矩、禁忌和惩罚措施，以至于宫廷爱情有时被描述为一份贞洁契约。在我看来，这是赞颂用刺和荆棘将欲望约束起来的行为。

天堂就是如此吗？阿基坦的妇女们有没有重新打开天堂的大门？我们没有找到她们成功的任何证据。埃莉诺很少向宫廷爱情的规矩低头。埃莉诺是阿基坦公爵威廉九世的孙女，对宫廷爱情了如指掌，坚持自己的信念，而且满腔热血。她在15岁时嫁给了第一任丈夫——法国国王路易七世。她喜欢南征北战，于是拖着丈夫率军进行了第二次十字军东征。在征战过程中，她出轨了身居爵位的普瓦捷的雷蒙，而后者是她的叔叔。人们谴责埃莉诺乱伦，骂她是荡妇，而这让她顺理成章地与路易七世离婚。接着，她又改嫁英格兰国王——英俊的亨利二世，亨利二世曾婚内出轨，但他却在撞见埃莉诺穿得花枝招展后，以此为借口将她囚禁在修道院。尽管遭受了这么多苦难，但埃莉诺还是育有8个孩子，其中包括狮心王理查和无地王约翰。当上祖母的埃莉诺上了年纪，也变得有些不理性了。她最喜爱的外孙女——卡斯蒂利亚的布兰卡，后来成了国王圣路易的母亲。看吧，这就是经历了太多宫廷爱情的下场。

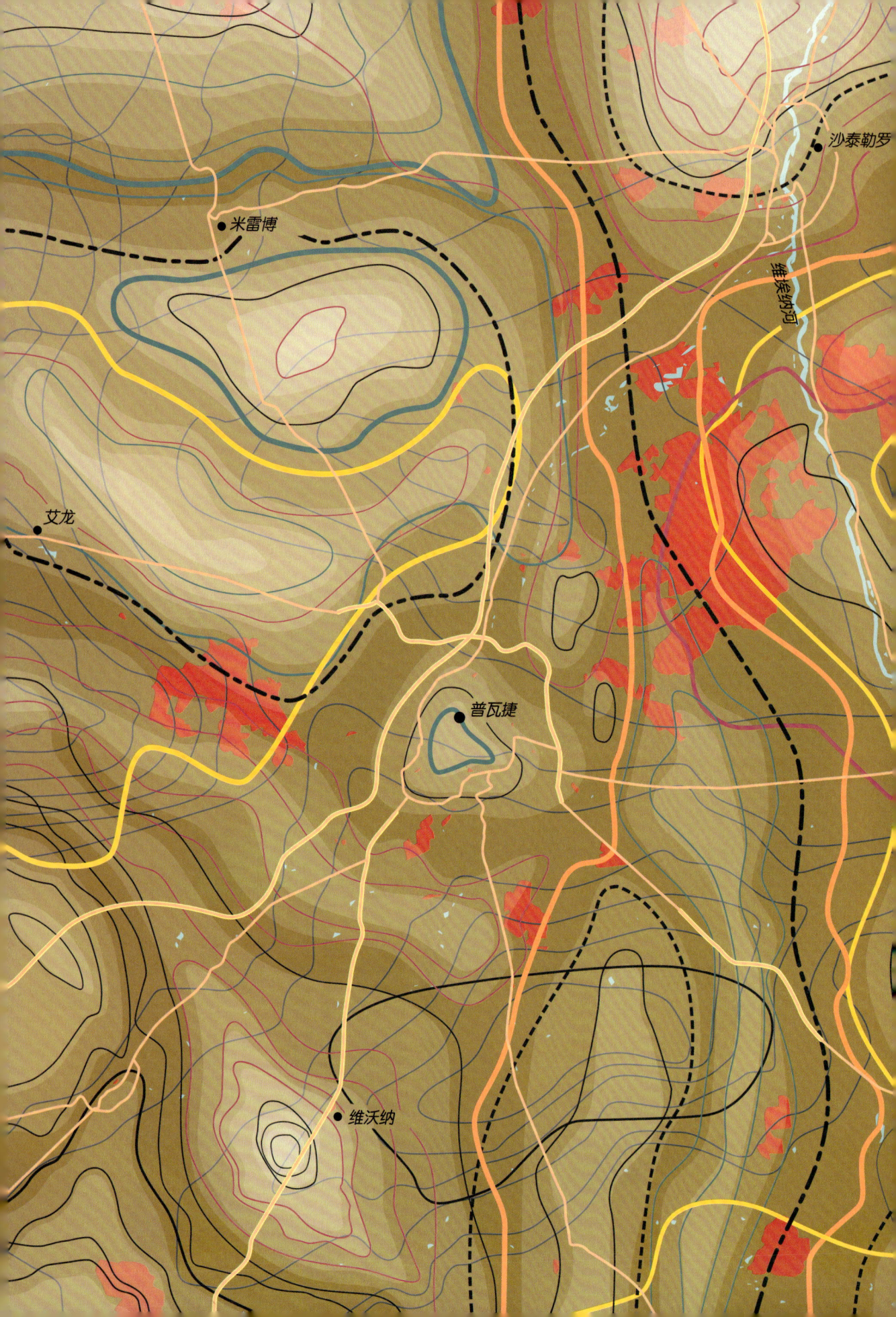

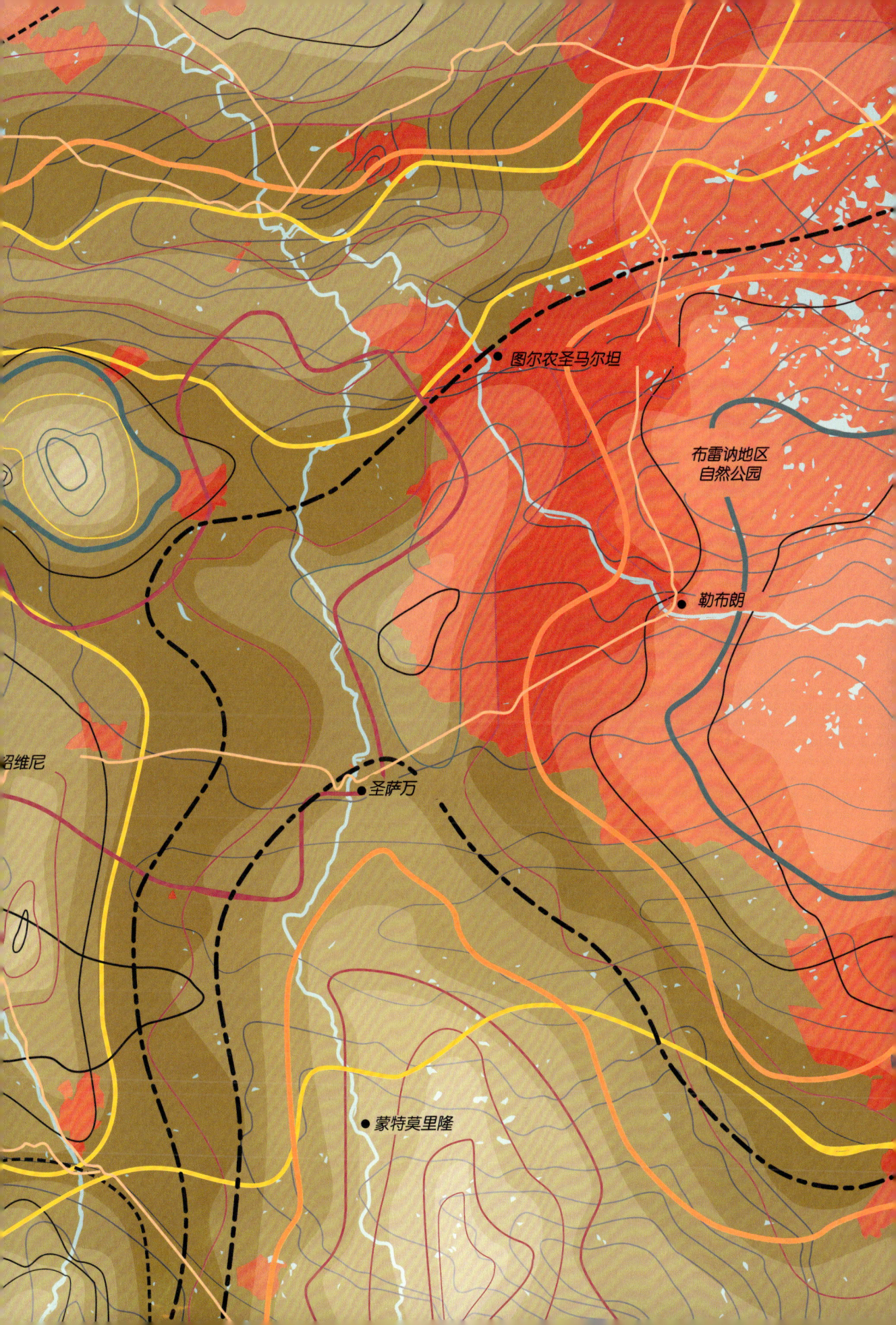

马诺阿城

美洲创世记

南美洲·南纬 20 度 05 分,西经 51 度 00 分

克里斯托弗·哥伦布想知道天堂在何地。他翻阅书籍后感到气馁。"我自己没有找到,也没有在拉丁语和希腊语文献中找到人间天堂在哪里的确切记述。"当 1492 年哥伦布从帕洛斯出发时,他的航向既不是伊甸园,也不是美洲大陆,毕竟那时美洲还没有被发现。他此行的目的地是亚洲,他要循着忽必烈大汗的朋友马可·波罗两个世纪前留下的线索前往那里。

保险起见,他在圣玛利亚号[1]上配备了一名叫路尔斯·德·托雷斯的翻译,此人精通闪族语言。这位托雷斯应该是不久前才改信天主教的,他原名约瑟夫·本·哈·乐维·哈维利,可能还曾是一名犹太教祭司。这样一来,途中如果遇到年迈的犹太商人,甚至如果运气好遇到以色列十个遗失部落[2]的后人,有他在就好办了。

不过哥伦布搞错了。他并没有抵达亚洲,即便找到了什么,也是这个在他认知中不存在的美洲大陆的产物。当时他认为自己窥及天堂一隅,心中狂喜。自第三次航行后,他便对费迪南国王和伊莎贝拉女王说:"我到达了另一个世界,那里生活着我们最初的祖先。"几年后,学者和地理学家亚美利哥·维斯普奇证实了哥伦布的说法,他甚至还描绘了伊甸园居民的模样:"他们一丝不挂,和蔼可亲,身材魁梧。"

> 金子是极好的东西。拥有金子的人可以做他想做的任何事,甚至可以将灵魂送入天堂。
> ——克里斯托弗·哥伦布

不久后,西班牙人向丛林中派出数千名士兵,他们身穿盔甲,手拿长矛、匕首和火器,还有数以千记的搬运工、书记员、羊驼、猪和用来咬杀印

---

[1] 哥伦布首航美洲舰队旗舰。
[2] 公元前 8 世纪,以色列王国遭受灭顶之灾后,组成以色列王国的十个部落被迫离开迦南,被放逐到亚述帝国最边远的地方,此后再没有关于他们的消息。"十个遗失部落"的说法对基督教世界有很大影响。

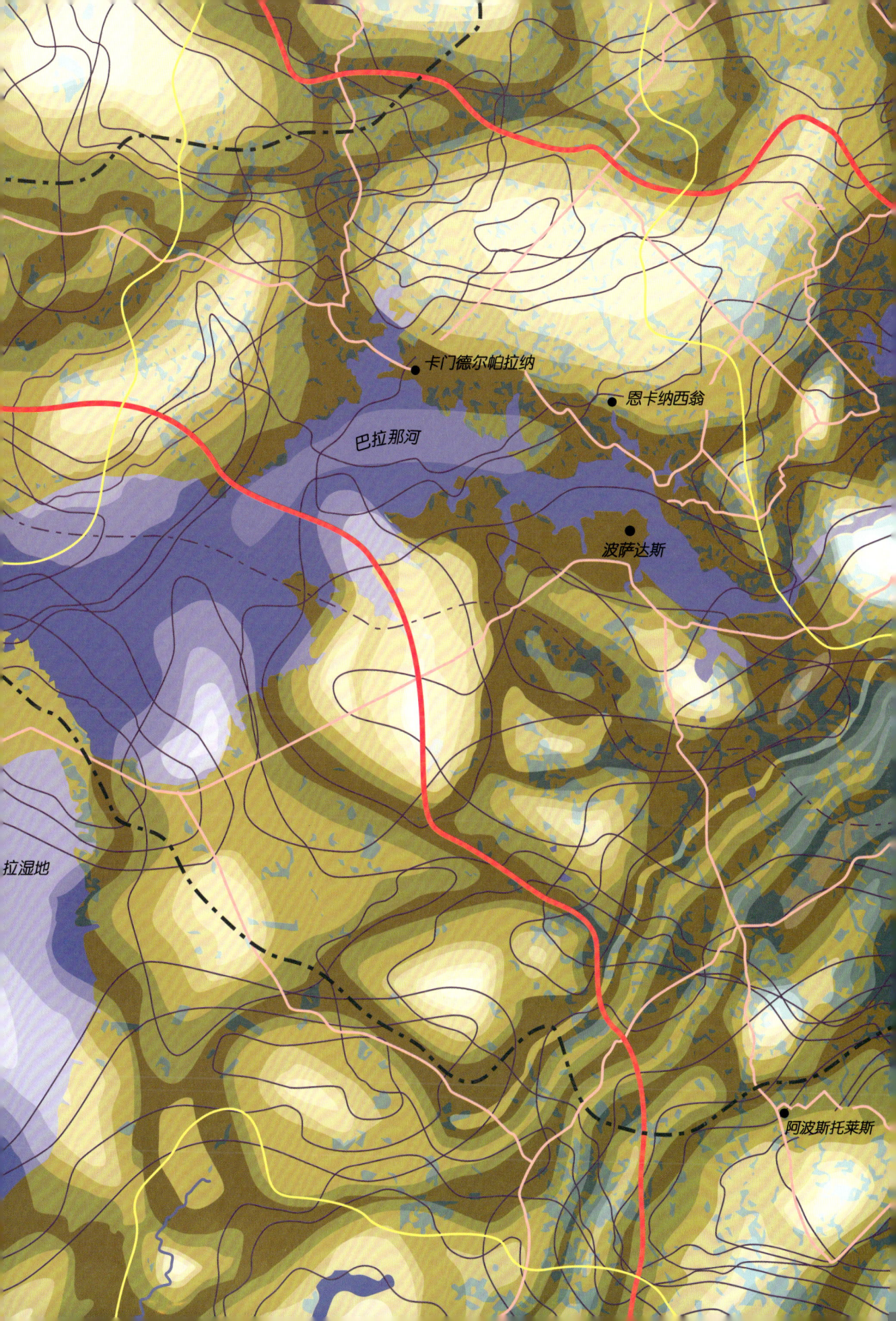

第安人的猎狗，还有几位出身于埃斯特雷马杜拉大区的狂热军官，他们大多被幻想冲昏了头脑。西班牙人将天堂称为"黄金国"，因此所有士兵都期待在这里发现黄金。在此期间，他们将阿兹特克人的国王斩首，并将其脖子上闪闪发光的项链和饰品取下来堆放在一起。

一天，一个名叫马丁内斯的士兵在林中走失。他惊慌失措地奔跑，在里奥内格罗省距离巴拉那河不远的地方，他发现了一座黄金国。在陡峭的河岸边，坐落着用宝石建造的马诺阿城。好心的国王接待了马丁内斯，并带他参观了用绿宝石和黄金打造的宫殿。马丁内斯看得眼花缭乱，但他还是对国王说自己需要回到部队。国王说"不碍事"，派了一队人马护送他回去了。

马丁内斯不怎么识字。我们今天能够读到他的见闻，得益于一位兼具诗人和海盗气质的英国冒险家华特·雷利，他作为马丁内斯的代言人，将马诺阿城的情况记录了下来。

西班牙人挑起冲突一个世纪后，一位名叫莱昂·皮内洛的卡斯蒂利亚学者描述了天堂的情况。他的著作《新世界的天堂》共800页。据他论证，《圣经》中关于流经天堂的河流记载有误，这几条河流根本不是底格里斯河、幼发拉底河、比逊河和基训河，而是亚马孙河、奥里诺科河、拉普拉塔河和玛德莲河。

莱昂·皮内洛激情洋溢地全盘改写了《创世记》。人类的起源地变成了美洲大陆。诺亚方舟停泊的地点也不再是西亚美尼亚的亚拉拉特山，而变成了安第斯山脉。莱昂·皮内洛提供了他的证据：诺亚将自己的三个儿子——闪、含和雅弗，以及以诺[1]的女儿带上船，一同上船的还有50余名亲戚和大量野兽，包括体形庞大的狮子、大象和河马。因此，诺亚方舟是一艘巨船。既然中东

> 西班牙人将天堂称为"黄金国"，因此所有士兵都期待在这里发现黄金。

---
1 以诺是该隐在伊甸园之东居住时所生的儿子。

地区森林稀疏，黎巴嫩也不例外，那么建造方舟桅杆所需的巨杉，显然来自安第斯山脉西部。

然而，在1500年发现了巴西的葡萄牙人对天堂不感兴趣。他们更务实多疑，有点悲观，喜欢未雨绸缪。他们是商人，而不是接受神启的人。他们丝毫没有西班牙人那种高昂的激情。曼纽一世对耶稣显灵、地狱号角和至福千年都毫无兴趣，他被人们称为"悲惨国王"。葡萄牙人中找不到像阿基尔和皮萨罗[1]这样的狂人。对于葡萄牙人来说，赚钱最重要，如果他们一不小心找到了天堂，也不会对外声张，他们会把天堂卖出去，或留在手中等机会找上门来。而在此期间，他们会在天堂中种些棉花，让印第安人和后来的黑人替他们劳作，砍伐茂密的巴西森林，将这些东西运往欧洲销售。

17世纪，葡萄牙耶稣会士西芒·德·瓦斯康塞洛斯承认巴西确实藏着几个人间天堂，但他对此没有做过详细描述。对于这些世界另一端的天堂，他的描述不超过七段话。一个世纪后，另一位耶稣会士塞巴斯蒂昂·达·罗沙·皮塔证实了西芒的说法。他趁机将有关美洲的圣史全部介绍给了欧洲人。巴西有一种叫"百香果"的水果，因此他写道，"这是大自然的神奇馈赠，它的花朵和耶稣受难的十字架[2]是用同一种元素制造的。"百香果的花朵确实可以用来纪念橄榄山上发生的悲剧[3]，因为这种花呈十字形，花冠下的五朵花瓣代表耶稣的五处伤疤。

> 在陡峭的河岸边，坐落着用宝石建造的马诺阿城。

葡萄牙人的谨慎令人震惊。为什么他们从没想过去看看隔壁对手西班牙人那炫目的天堂？他们无疑认识到了迄今为止大多数天堂都以悲剧收场。他们可不想在享受片刻欢畅后，就因疏忽犯下的错误永远流放在伊甸园之东。

---

1 电影《阿基尔，上帝的愤怒》中的人物，他们前往雨林中寻找黄金国但一无所获。皮萨罗在历史上确有其人，他开启了西班牙征服南美洲的时代，也是现代秘鲁首都利马的建立者。
2 "百香果"的法语为fruit de la passion，"耶稣受难"的法语为Sainte Passion，此处作者运用了双关。
3 橄榄山位于耶路撒冷，耶稣在此被罗马人抓捕。

霍尔姆比山

华特·迪士尼,平静的微缩宇宙
北美洲·北纬 34 度 08 分,西经 118 度 15 分

华特·迪士尼是个名人。他制作过不少经典作品,创造了米老鼠和小鹿斑比,把《爱丽丝梦游仙境》《匹诺曹》《白雪公主和七个小矮人》搬上了大银幕。1949 年,他在位于洛杉矶霍尔姆比山的自家庭院中打造了微缩火车铁轨模型——卡罗尔伍德太平洋铁路,他还将蒸汽火车命名为莉莉·贝尔,以纪念自己的妻子。他打造了一些人造山丘,一辆西部风格的漂亮机车冒着烟穿行其间。

作为火车模型,它已经足够大了,因为游客可以蜷腿坐在车厢中,不过与它的原型——中央太平洋铁路上运行的火车相比,它只有其八分之一的规模。华特会亲自驾驶火车。这让他很开心。几年后,他创办了第一家迪士尼乐园,他后来建造的所有乐园中也都有小火车项目。

华特·迪士尼对火车的痴迷由来已久。1917 年暑假期间,他曾穿着鲜艳的制服在密苏里州太平洋铁路沿线售卖报纸和糖果。这是他爱好的缘起,也解释了他为什么对小火车情有独钟,喜欢模型和微缩装饰,并用画作创造了一个与现实世界并行的儿童世界。那里平静祥和,没有罪恶,永远都是崭新的开始,可以不受时间的折磨,一层"神秘屏障"将它与现实世界区分开来。"我希望迪士尼乐园成为世间最美妙的地方,而且要有小火车环绕园区。"好一座北美的人间天堂。

他创造了一个与现实世界并行的儿童世界。那里平静祥和,没有罪恶,永远都是崭新的开始,可以不受时间的折磨,一层"神秘屏障"将它与现实世界区分开来。

这不是华特·迪士尼的发明创造,他也是因循传统,尝试打造一片温柔平静、不被现实污染的天地。在庞大且混沌的世间万物中,人类感到渺小和迷茫。甚至中国的皇帝在与山峦、云朵、海洋和万物真正的主人——神、龙、魔——相

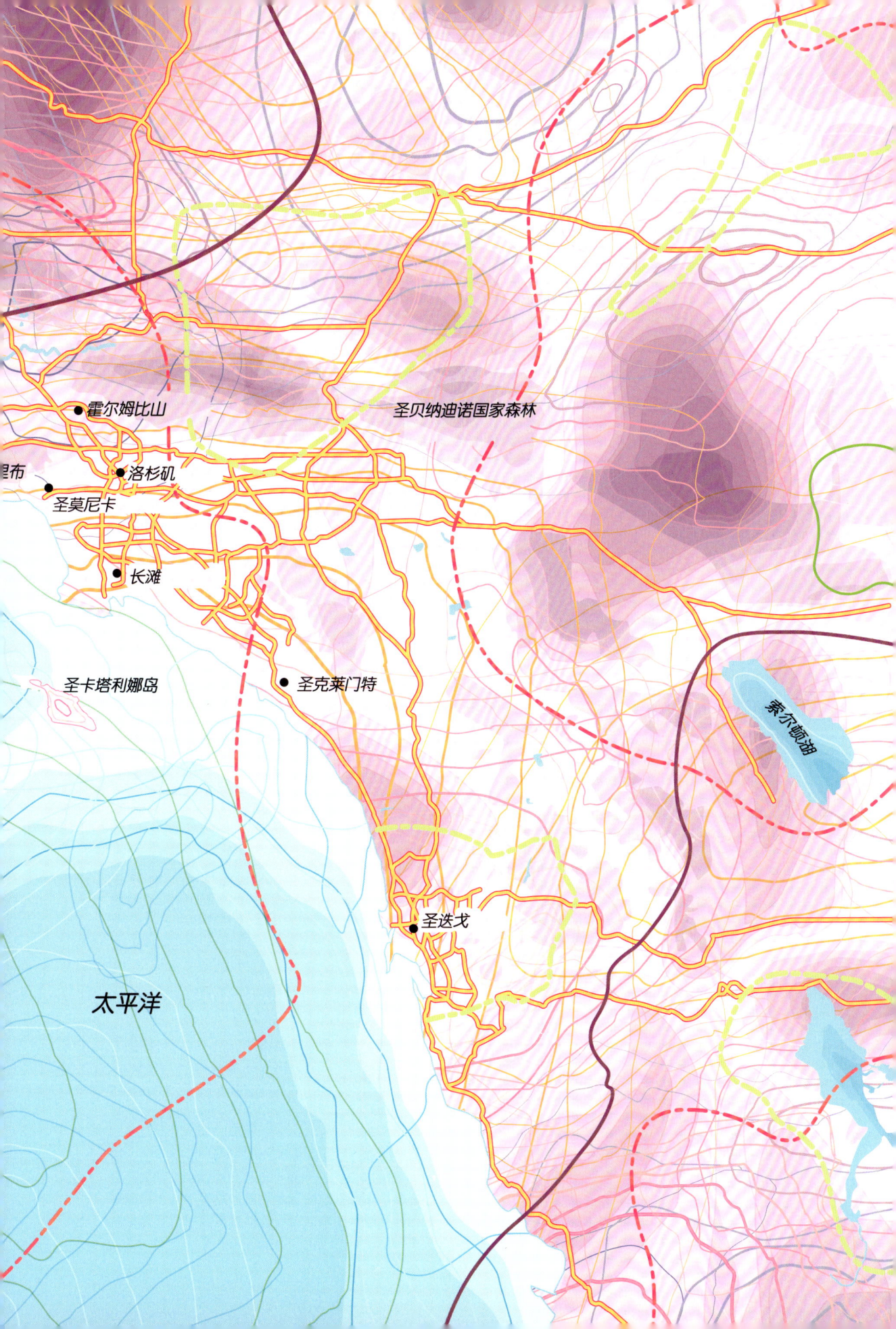

> 我希望迪士尼乐园成为世间最美妙的地方，而且要有小火车环绕园区。

比时，也显得微不足道。微缩世界是一片和平的天地，它具有双重魅力，一方面可以让人忘却上帝贸然赋予世间的"恶"；另一方面，人们可以凌驾于微缩世界之上，从高处俯视，掌控一切，修正其不足。微缩世界是"一场形而上学的政变"。它肩负着"将无限寓于有限之中"的使命。人变得比世界还大。孩童在现实世界里是成年人的人质和玩具，但在这里却可以安全地驾驶火车，而且不会引人惊讶。他们可以扮演国王或上帝。他们可以统治一切。这里是他们的天堂。

从前，每个早晨，中国皇帝会在泡澡时叫总管呈上一张帝国全图。他用指尖拂过蜿蜒的长江、辽东半岛的群山和西藏的冰川。他注视着自己的帝国，看着那些他从未去过的沙漠和城市。从这张小小的地图上，他可以纵览江山。神明无意中创造的混沌世界在地图上变得有序。

马塞尔·普鲁斯特也和中国皇帝一样，不过他要"快得多"：要建立一个温顺、宁静、井井有条的小世界，他只需要阅读"《哥达年鉴》和《铁路年鉴》"[1]。哈德良皇帝在蒂沃利的别墅中让人仿照地中海挖了一个人工湖，18世纪的瑞典自然学家林奈将广博纷繁的世界中的所有生物都收录在一本辞典中，并且将混乱的各式动植物按照清晰完美的规则分类，每种生物的名字都不超过三个词。

不是所有微缩景观都是友善的。尽管它们大多与童年或儿时记忆相关，能勾勒出天堂的

---

[1] 马塞尔·普鲁斯特在写作《追忆似水年华》时参考了《哥达年鉴》和《铁路年鉴》，这解释了为什么书中会有大量生僻的人名和地名。《哥达年鉴》是一本辑录了欧洲王室和贵族谱系的工具书，1793年首次出版，每年刊印，1944年中断，1998年起复刊。《铁路年鉴》是辑录铁路线和途经站点的工具书。

模样；但也有一些相反，是为罪恶服务的。所有曾经玩过锡兵的老人都能回想起这些小人摆出的战斗场景。

当然，就像开小火车，孩童在玩锡兵的时候也拥有绝对主导权，对锡兵而言，孩童是巨人，也是主宰。他手中掌握的世界比宇宙还要广博。他是至高无上的神。孩童在驾驶小火车时能够让一切井井有条地正常运转，并且能够及时纠偏避免脱轨；在玩锡兵时则相反，他们会制造混乱、恶意、苦难和死亡。五颜六色的士兵小人堕入恐怖的深渊。这些供孩童检阅的骑兵、步兵和火枪手"向死而生"。他们会失去内脏、腿或眼睛。

华特·迪士尼的小火车在温柔的天边和天堂的郊外吞吐蒸汽，锡兵小人的战争则在地狱中展开。向锡兵发号施令的孩童一点也不像仁慈的上帝。他摇身一变，成了苍蝇王巴力西卜。锡兵也被罚入地狱，远离幸福，漂泊在伊甸园之东。

> 孩童在现实世界里是成年人的人质和玩具，但在这里却可以安全地驾驶火车，而且不会引人惊讶。他们可以扮演国王或上帝。他们可以统治一切。这里是他们的天堂。

秦始皇陵

欺骗死神，升入天堂
亚洲·北纬 34 度 23 分，东经 109 度 16 分

秦始皇厌恶死亡。虽然死后可入天堂，但佛教、道教和儒家对身后之事的描述十分模糊，而秦始皇想要掌握一切。起初，他想用一些方法欺骗死神。即便最终无法躲过死亡，他也要在自己打造的小天堂中长眠，与死亡如影随形的时光流转能够毁物也能够杀人，但在天堂中，时间也会保持敬畏。虽然这座黑暗中的凝固王国可能比不上真正的伊甸园，但总比一片虚无要强。

皇帝的生活是一场与死亡躲猫猫的游戏。没人知道皇帝住在哪里。他就像不存在似的。他有 270 幢宫阙，侍从们每天都要猜皇帝睡在哪个房间。尽管他十分谨慎，但由于生性多疑，他还是担心身边的某个人会对他不忠，向死神泄露他的消息。于是他想出一条诡计：他将自己打扮成侍从，如此一来，死神就难以确定哪个是他。当死亡找上门时，死去的会是他的替身，而不是他自己。

秦始皇禁止仆人说他病了。皇帝发烧是国家机密，而且他本人也要遵守。有一位仆人曾因违反规定而被处决。他驾崩时更是如此，宣布他的死讯被视为大不敬。因此，大限将至时，没有人会告诉秦始皇，死神也被蒙在鼓里。

终于有一天，始皇驾崩。人们对此秘而不宣，将他的遗体装车运往陕西临潼。在途中，人们还会假装给已经毫无知觉的秦始皇喂饭。车队来到陵前。这是他生前精心准备、秘密建造、动用 70 万名工匠、历时 30 年的杰作。当葬礼结束后，人们将仍在进行收尾工作的工匠封在墓室中，这些人因此丧命。

> 虽然这座黑暗中的凝固王国可能比不上真正的伊甸园，但总比一片虚无要强。

如今，秦始皇陵依然未受侵扰，这不是因为新政权屈从于秦始皇的旨意，而是因为陵墓中配备有弩机，任何进入陵墓的人都会被乱箭射死。此

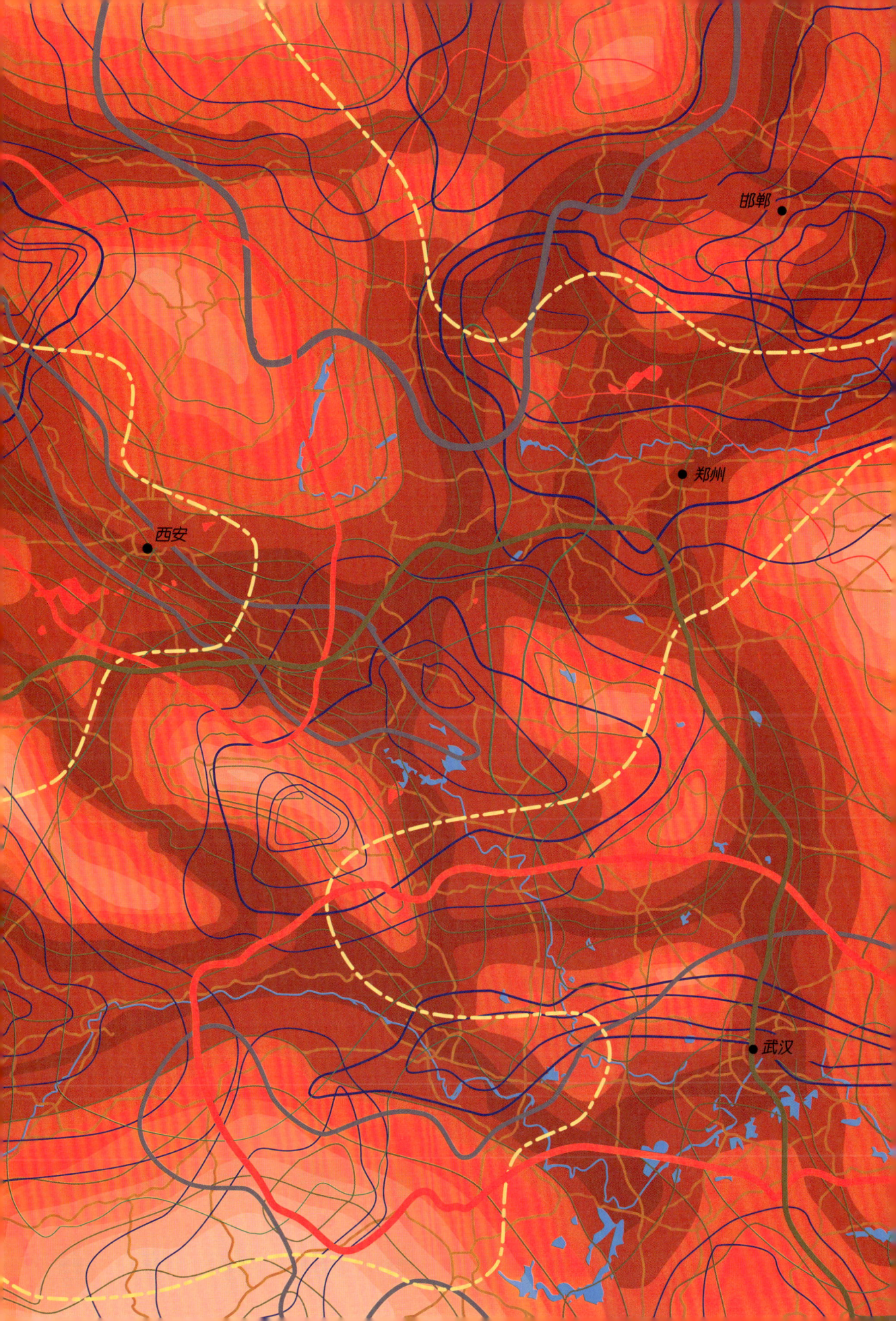

外，考古学家也希望等到技术手段更先进时，在不破坏陵墓的情况下进入其中（距陵墓1500米的地方埋藏着8000件陶俑，象征秦始皇的军队）。

史学家司马迁（约前145或135—？）对秦始皇陵有详细描述。工匠们打造了一个与秦始皇生前统治的帝国极为相似的地下王国。不过，这个地下王国的大小有所缩减：它并不是无穷大，而是微缩的天地，以现实世界为蓝本进行了忠实复刻。它不受时间流转的影响，让人和物免受时间带来的烦扰，它敬重凋零和消亡。

秦始皇陵再造了中国的山川地貌，不过和华特·迪士尼的小火车一样，它也以微缩形式展现，这是天堂的规律。陵墓是一个微缩中国，有山河湖海，河中流淌着水银，在这个充盈水银的世界，时光流转不留痕。这是皇帝的选择：与历史相比，他更喜欢地理，因为历史总在改变，而山川岿然不动。

在这座朦胧的地下王国中，点着海豹油做的长明灯。这里的植被用玉石雕刻，因此永不毁坏，也不会在昏暗中凋零或消亡。

秦始皇还采取了其他更有野心的手段，将时间排除在他的阴宅之外。丞相李斯也是一个执着的人。他崇尚秩序、逻辑、分类和统一。他统一了庞大帝国的度量衡、货币和文字。他甚至要求所有马车的车轴大小要一致。他厌恶无序、意外和古怪。他想将历史的丑恶从广袤的大地上抹去。

李斯对抗变化的方法令人惊诧。他认为，文人十分狡猾，他们表面上赞美过去，实际上在为罪恶的未来铺路，李斯将罪魁祸首归结为书籍，特别是史书，它们不正是时间的见证和产物吗？

李斯说:"陛下拥有统一的帝国。帝国中对错分明……但是有些学派却联合起来批评法律和秩序……臣建议,皇家藏书中,除记载秦国历史的图书外,其他书籍都应焚毁。"

> 李斯用高墙将天堂围起来,以免外界的污秽玷污天堂。

想到秦始皇能够下令建造长城,我们便可知他和丞相的野心有多大。我们不难理解李斯的做法,因为他深知所有的天堂终将消亡。这也解释了他为什么要采取各种防患于未然的措施保卫秦始皇打造的天堂:李斯为了扼杀时间,选择焚书。他还用高墙将天堂围起来,以免外界的污秽玷污天堂。

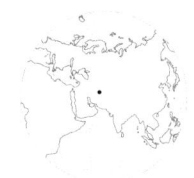

漂泊之地

天堂门口
亚洲·北纬34度31分，东经69度07分

很快，一切将会终结，此后会有新的天地。

——《启示录》

中世纪时，寻找天堂的人不在少数。他们发现一处天堂时，会推开门，试探地走进美丽的园中，不过成功找到天堂的人并不多。寻找天堂是一项希望渺茫的事业，毕竟《圣经》并未给人们提供太多的线索。我们只知道伊甸园中央有一眼泉水，由此分生出四条河流。第一条是绕哈腓拉而过的比逊河，那里盛产黄金、树脂和光玉髓；第二条是基训河，它的河水灌溉了库施国的土地；剩下两条则是人们熟知的底格里斯河和幼发拉底河。

基于这些描述，地理学家在世界地图上标注了伊甸园的位置。底格里斯河和幼发拉底河流经之地是今日的伊拉克，毗邻以色列。库施国所在地可能就是今日的埃塞俄比亚。基训河可能是红海。没有人见过比逊河，不过据说历史上曾有一条注入波斯湾的同名河流，如今已无迹可寻。总之，伊甸园的位置大概就在巴勒斯坦，这个结论并不令人惊讶，先知以西结和以赛亚已经告诉我们了。我们甚至可以想象上帝将亚当和夏娃逐出巴勒斯坦，并让一部分以色列人开始了长达2000年的长途跋涉。

勉强解决了一个问题，又出现一个更难琢磨的问题。伊甸园的大门关闭后，曾经居住在里面的二人怎么样了？被诅咒的夫妇得以脱身。诚然，他们被逐出了天堂，但他们在离开天堂后也有自己的生活。亚当和夏娃忙于造人事业，夏娃120岁那年又诞下一个男孩，起名塞特。此后他们又生了其他孩子。

这就是我们最初祖先的情况。那么他们的后代呢？亚当和夏娃有两个儿子，哥哥该隐和弟弟亚伯。亚伯为人谦和，但被该隐杀害，上帝因此震怒。上帝将该隐流放到可怕的漂

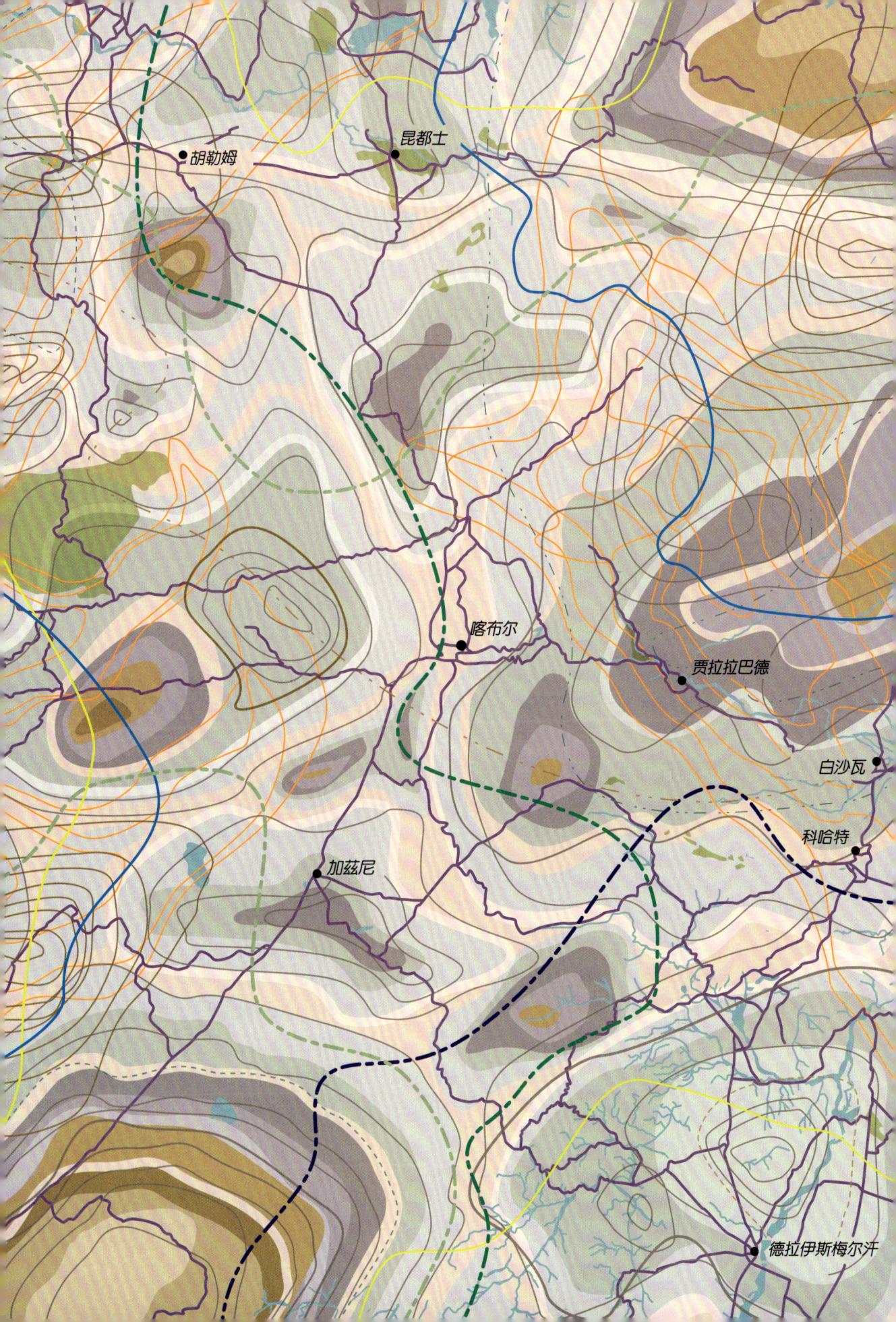

泊之地，那里只有石头、杂草和灌木。根据犹太历史学家约瑟夫的记述，该隐后来育有33个儿子和24个女儿。

我们可以猜想，漂泊之地应该是一个地狱，或者至少是地狱的草稿和雏形。不过上帝也无法帮助我们了解它的样子，因为它太神秘了，让线索变得模糊。

该隐在接受上帝的质问时承认自己杀了弟弟，上帝感到十分惊讶并且震怒。"你做了什么？你弟弟的血流到地里向我伸冤。如今，大地吸收了你弟弟的血，你也受到诅咒。"上帝做出判决：该隐被流放到漂泊之地。它位于伊甸园之东，也就是阿富汗旁边，靠近太阳升起的地方。不过，一些博士有不同的见解：他们认为漂泊之地不在任何地方，它是一个虚无的存在，既没有开始也没有终结，它没有边界，因此里面的居民只能永远走下去，但永远无法走出这里。他们被诅咒无依无靠，永远流浪漂泊。

> **漂泊之地应该是一个地狱，或者至少是地狱的草稿和雏形。**

判决降下后，该隐恳求上帝："今天你将我从这里赶走，之后我会远远躲在你看不到的地方，我将在大地上流浪漂泊，不论谁看到我，他都会杀死我。"

该隐的恐惧让人感到惊讶。因为我们知道，根据《创世记》记载，当时的大地上只居住着三个人：最早的夫妇——亚当和夏娃，以及他们唯一的孩子该隐，因为弟弟亚伯已经被该隐杀死了。在这种情况下，我们实在看不出哪里会出现该隐担心的会将他杀死的坏人。不过，上帝并未感到惊讶。他甚至还安慰该隐："杀掉该隐的人将受到七倍的报复。"为了以防万一，上帝在该隐身上打下记号，以便"找到他的人不会杀掉他"。

这是上帝的宽容吗？或许这正是上帝的残忍之处。最残酷的惩罚莫过于剥夺一个人死亡的权利，他很清楚这一点。"你有罪，我判你不许死亡！"该隐被永远囚禁在没有原点、没有边界、没有终结的漂泊之地。

上帝让我们目瞪口呆的事还远不止如此。他越来越让我们感到惊讶。《创世记》告诉我们，该隐在没有尽头的露天监狱中"遇到了他的妻子"。"这个女人怀孕后，诞下以诺。"一个女人？她为什么会出现在这里？难道她也做了什么卑劣行径，需要在这里洗刷罪孽？她的父母是谁？她只能是亚当和夏娃的女儿，即使《圣经》没有明说除了两个儿子，这对夫妇还有一个女儿。

或者说，这个女人是另一支人类族群，是让该隐心生恐惧的坏人中的一员？但《圣经》排除了这种可能，它十分肯定地指出：亚当和夏娃是所有人类的祖先，没有另一支人类族群，事实就是如此，不容争辩。一些宗教经典也证实了这种说法："他从一本造出万族的人，……住在全地上，……"(《使徒行传》, 17:26)

然后呢？我们竟无言以对。最令人迷惑的地方在于，既然我们承认这个女人是亚当和夏娃的女儿，这样说来她也是该隐的妹妹。他们行男女之事，岂不是犯下乱伦的罪孽。

一切起源于亚当和夏娃品尝了禁果。他们的孩子杀了自己的弟弟，睡了自己的妹妹，两人还生了孩子，好一张罪孽清单！虽说这个人类家族受上帝掌控，但他们做什么都是自己决定的。他们讨厌循规蹈矩。他们教唆、弑杀、违抗、乱伦、享乐、渎神、破坏规律。叛乱、罪孽和灾祸从很久以前就与我们相伴。比起幸福，人类更喜欢自由。

> 漂泊之地不在任何地方，它是一个虚无的存在，既没有开始也没有终结。

时　钟

天堂的模型
欧洲·北纬 48 度 06 分，东经 07 度 35 分

有时，人们会对历史中混乱的社会状态感到厌倦。因此，人们着手打造理想、公平、完美的城市，它既没有痛苦，也不浮夸，平整且单调，能够摆脱时间流转。人们认为，宁静的城市、没有痛苦的土地、平和的民众，就是天堂的模样。中世纪末发明的机械时钟，就是一片人造的天地，或者说天堂的雏形。

时钟的起源成谜。没有人知道是谁一下子成功捕获了野蛮的时间，把它装进了钟表的外壳中，代之以另一种形式的时间，一种公平的时间，既不费神，也不会出错，这是被时间拯救的时间。这是由"无名氏"发明的历史上最重要的科学成果。

不过，我们知道这项发明出现的地点。最早的时钟可能是由一位生活在 11 世纪至 13 世纪间的德国僧侣打造的。这也在意料之中：在那个被战争、耶稣再降临的传说[1]、悲剧、《启示录》预言和预料之外的事情多面夹击的中世纪末，修道院和机械时钟是仅有的两个可以用来对抗虚无与混乱的秩序之物。

修道院本身就是一座时钟。祷告、起床、就餐、劳作、休息皆有规律，这里的生活就像时钟的钟摆和擒纵器一样精确，不因季节变换而变化。僧侣群体服从于意料之内、波澜不惊的生活，他们维系着修道院的运转，堪称完美：他们远离并且傲视历史的苦难，精神世界十分平静，他们打造了一个个小天堂。僧侣在进入修道院大门时，就将个人身份、欲望和激情留在了门外。他们发愿恪守贞节，将自己从族谱、记忆和对未来的希望中连根拔起。他们从时间的迷宫中得到救赎。每一天都同前一天一样，也同后一天一样。

1　耶稣再降临是宗教表述，基督教认为当末世来临之际耶稣会再次降临，即末世传说。

打开一块手表的后盖，观察它的齿轮、发条、撞锤、把杆、指针和周而复始的运动，你将看到一个微缩的天堂。这里也和伊甸园一样，没有秘密，不耗神费力，没有疾病，没有憎恶，也没有意外。时间是忧伤与疾病之父，也是死亡之父，时间就是死亡本身。终结痛苦和不公，也终结死亡。对我们来说这就是天堂，但这是个多么可笑的天堂！

陀思妥耶夫斯基是一名虔诚的基督徒，他不喜欢这种与人类悲剧相剥离的天堂。他曾自忖，为什么上帝在创世的时候没有把人间做成钟表那般完美。他在《地下室手记》中给出了一种解释，不过他没有用钟表，而是以钢琴琴键作比。"有朝一日，"他写道，"科学将告诉人类，根本没有兴趣使然或心血来潮，人类不过是钢琴的琴键或管风琴的簧片。……所有的人类行为都像按对数表进行的数学计算。世上既没有行动，也没有意外。水晶宫就是那么建起来的。凤凰就是那么飞过来的。"

幸福自然就是天堂，但对于来自社会底层的陀思妥耶夫斯基则不然，他痛恨"水晶宫"。这位出身底层的人士斥责道："为什么你们如此坚信只有正常的才是好的，简言之为什么只有昌盛才是对人有利的？也许人也喜欢苦难？有时人会喜欢他热爱的事物带来的苦难。……我确信人类永远不会放弃破坏和混乱。"

陀思妥耶夫斯基做出了他的选择：要自由，而不是水到渠成的幸福。"纵观历史，人类从未停止将这个会导致其沉沦的元素加入到各种事物中。最疯狂的幻想和最卑鄙的蠢话才是人类想要捍卫的，只是为证明人类还是人类，而不是一架循规蹈矩的老式钢琴，如果人类被证明是老式钢琴，他们就会制造新的破坏和混乱，制造新的痛苦。"

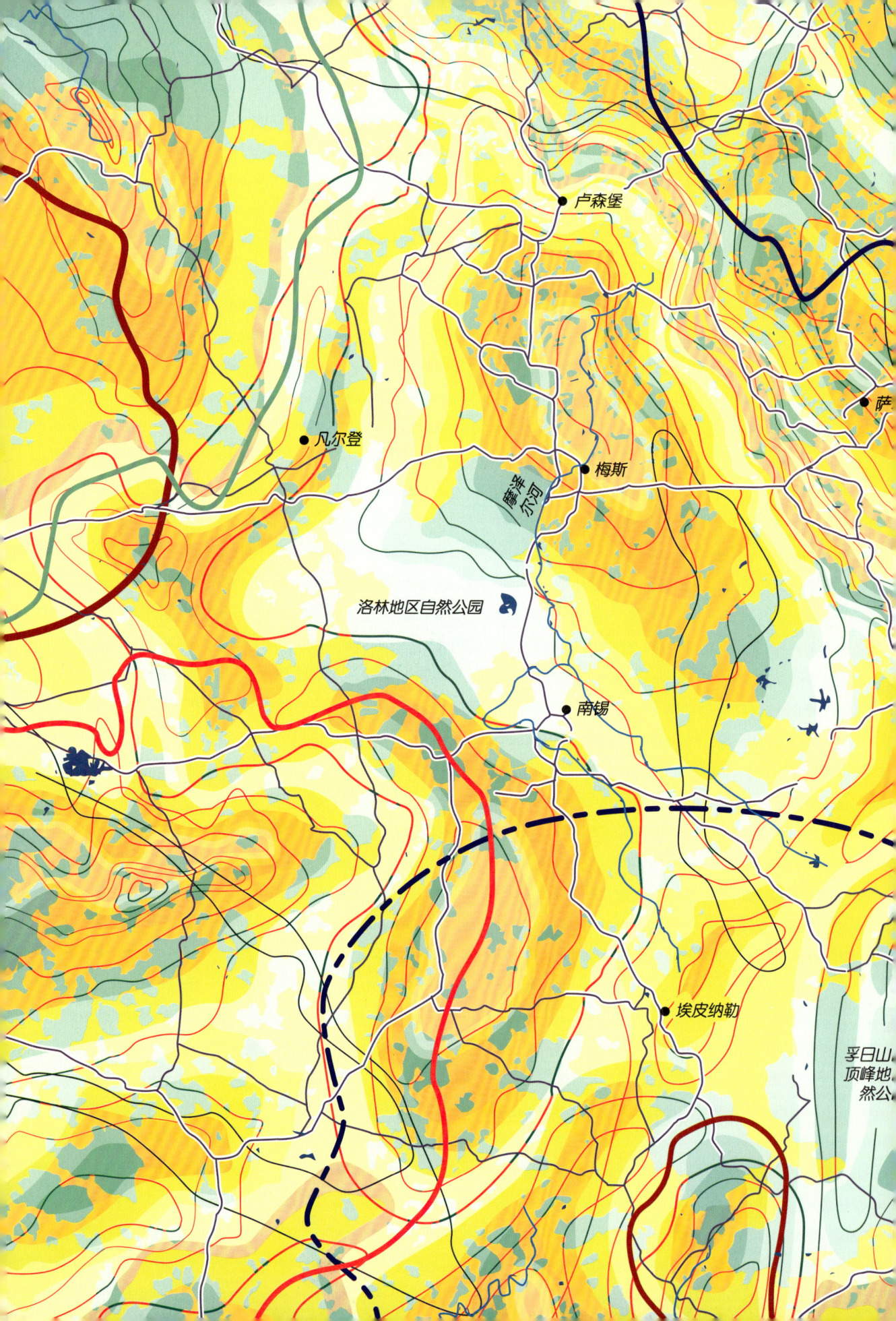

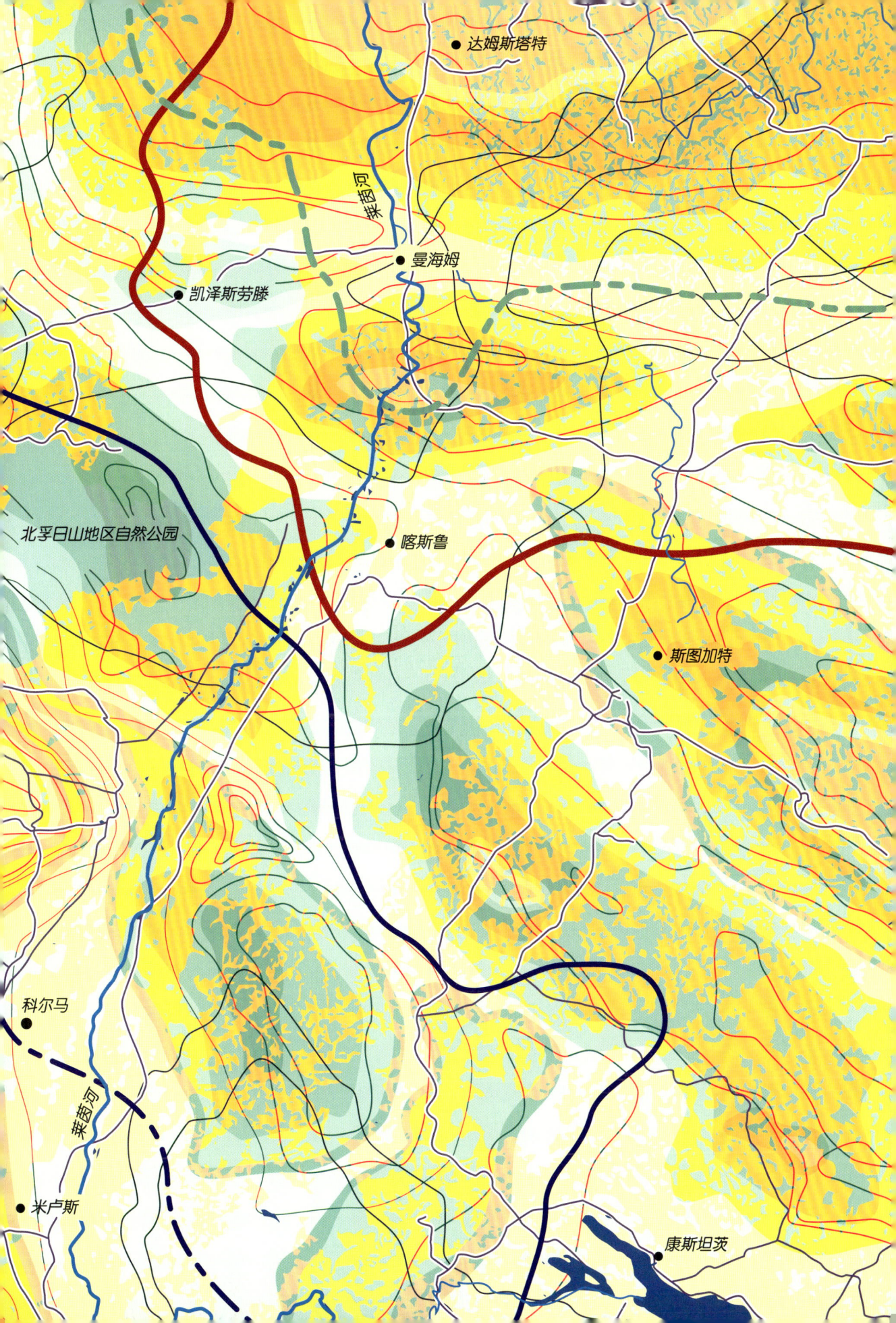

图书在版编目（CIP）数据

梦回天堂 /（法）吉尔斯·拉普格著；（法）卡琳·朵琳‒弗罗热绘；高晨翔译. -- 北京：北京联合出版公司, 2022.4
（诗意图鉴）
ISBN 978-7-5596-5894-4

Ⅰ. ①梦… Ⅱ. ①吉… ②卡… ③高… Ⅲ. ①名胜古迹—世界—通俗读物 Ⅳ. ① K917-49

中国版本图书馆 CIP 数据核字 (2022) 第 024164 号

Atlas des paradis perdus
By Gilles Lapouge
Graphic design and illustrations by Karin Doering‒Froger
Copyright © Flammarion, Paris, 2017
All rights reserved.
This copy in simplified Chinese can be distributed and sold in PR China only, excluding Taiwan, Hong kong and Macao.
Simplified Chinese edition copyright © 2022 by GINKGO (BEIJING) BOOK CO., LTD.
本书中文简体版权归属于银杏树下（北京）图书有限责任公司
地图审图号：GS（2021）6949 号
北京市版权局著作权合同登记 图字：01-2021-7112

诗意图鉴：梦回天堂

著　　者：[法] 吉尔斯·拉普格　　[法] 卡琳·朵琳-弗罗热
译　　者：高晨翔
出 品 人：赵红仕
选题策划：银杏树下
出版统筹：吴兴元
编辑统筹：郝明慧
特约编辑：荣艺杰
责任编辑：夏应鹏
营销推广：ONEBOOK
装帧制造：墨白空间·王莹

北京联合出版公司出版
（北京市西城区德外大街 83 号楼 9 层　100088）
后浪出版咨询（北京）有限责任公司发行
天津图文方嘉印刷有限公司印刷　新华书店经销
字数 73 千字　787 毫米 ×1092 毫米　1/16　7.75 印张　印数 6000
2022 年 4 月第 1 版　2022 年 4 月第 1 次印刷
ISBN 978-7-5596-5894-4
定价：118.00 元

后浪出版咨询(北京)有限责任公司 版权所有，侵权必究
投诉邮箱：copyright@hinabook.com　fawu@hinabook.com
未经许可，不得以任何方式复制或抄袭本书部分或全部内容
本书若有印、装质量问题，请与本公司联系调换。电话：010-64072833

诗意图鉴系列5本

从神秘莫测的动植物到地球上不为人知的隐秘角落

诗意图鉴用细腻的手绘插图和优美的文字带领你探索

变幻万千的自然万物、文明古城的前世今生和尚未发掘的无人之地

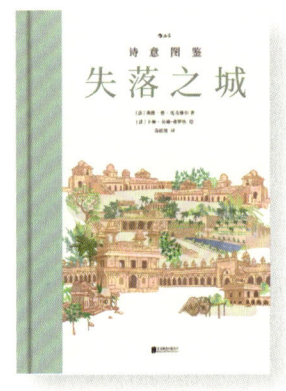 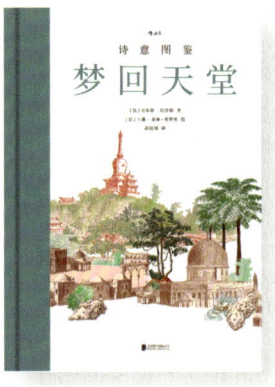